方正地区抗联战斗遗址分布图

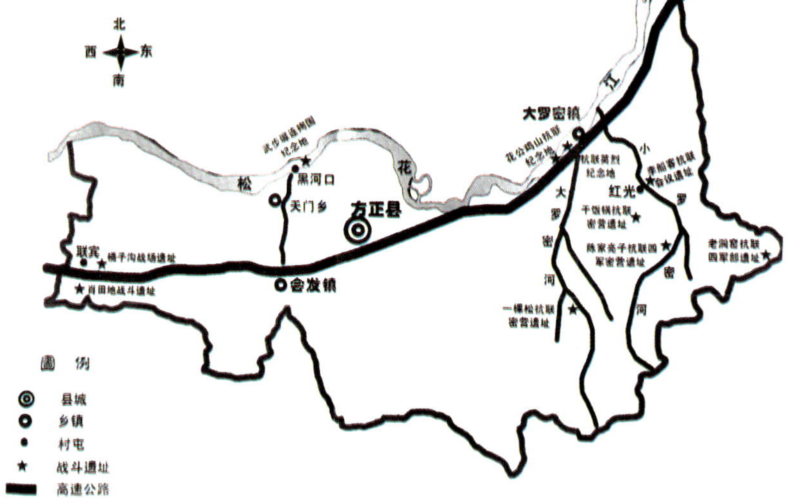

方正老区新面貌

城镇建设

美丽乡村

2000年农业部授予方正县“中国富硒大米之乡”称号

发展中的龙头企业

方正银鲫中国地理标志农产品繁育、养殖基地

方正县剪纸2008年被文化部列入国家级非物质文化遗产名录

“展方正莲花 享稻花飘香”第二十四届方正莲花节掠影

双子山省级原始森林公园

国家AAAA级罗勒密山景区（鸳鸯峰、响水河）

坐落在会发镇东门外的吴景才烈士纪念碑

坐落在方正县城东的苏联红军纪念碑

方正县革命烈士碑

坐落在得莫利村的王俭烈士纪念碑

2005年抗日战争胜利60周年之际，为纪念在方正地区英勇牺牲的抗联英雄们，方正县人民政府在大罗密西山特建此碑

坐落在大罗密镇红光村的抗联四军根据地旧址

坐落在天门乡天门村武步墀营纪念地

方正县革命老区发展史

方正县老区建设促进会　编

黑龙江教育出版社

图书在版编目（CIP）数据

方正县革命老区发展史 / 方正县老区建设促进会编
. -- 哈尔滨 : 黑龙江教育出版社, 2021.5
ISBN 978-7-5709-2202-4

Ⅰ. ①方… Ⅱ. ①方… Ⅲ. ①方正县－地方史 Ⅳ.
①K293.54

中国版本图书馆CIP数据核字(2021)第078437号

顾　　问　于万岭
丛书主编　杜吉明
副 主 编　白亚光　张利国　李树明　李　勃

方正县革命老区发展史
Fangzhengxian Geming Laoqu Fazhanshi
方正县老区建设促进会　编

责任编辑　高　璐
封面设计　朱建明
责任校对　杨　彬
出版发行　黑龙江教育出版社
地　　址　哈尔滨市道里区群力第六大道1305号
印　　刷　哈尔滨博奇印刷有限公司
开　　本　787毫米×1092毫米　1/16
印　　张　15.25
字　　数　200千
版　　次　2021年5月第1版
印　　次　2021年5月第1次印刷

书　　号　ISBN 978-7-5709-2202-4　　定　　价　38.00元

黑龙江教育出版社网址：www.hljep.com.cn
如需订购图书，请与我社发行中心联系。联系电话：0451-82533097　82534665
如有印装质量问题，影响阅读，请与我公司联系调换。联系电话：0451-51789011
如发现盗版图书，请向我社举报。举报电话：0451-82533087

总 序

在举国欢庆新中国成立70周年前夕，中国老区建设促进会王健会长请我为《全国革命老区县发展史》丛书作序，作为一名在老区战斗过并得到老区人民生死相助的老兵，回首往事，心潮澎湃，感慨万千，深感义不容辞，欣然应允。

中国革命老区，是以毛泽东为代表的中国共产党人在领导人民推翻帝国主义、封建主义和官僚资本主义三座大山，争取民族独立和人民解放伟大斗争中建立的革命根据地，在这片红色的土地上，诞生了无数可歌可泣的革命英雄儿女，为后人树起了一座不朽的丰碑。她是新中国的摇篮，是党和军队的根。

在艰苦卓绝的战争年代，老区人民把自己的命运与中华民族的命运紧紧地联系在一起，与中国共产党和人民军队的命运紧紧地联系在一起，他们生死相依，患难与共。我曾亲历过战争年代，并得到过老区红哥红嫂的救助，切身感受到发生在身边的一幕幕撼天动地的革命故事，在那极其艰难的条件下，老区人民倾其所有、破家支前，不怕艰难困苦，不怕流血牺牲。“最后一碗米送去做军粮，最后一尺布送去做军装，最后一件老棉袄盖在担架上，最后一个亲骨肉送去上战场”，这是当时伟大的老区人民为建立新中国做出巨大牺牲的真实写照，它将永远镌刻在中国共产党、中国人民解放军、中华人民共和国的历史丰碑上。他们的光辉业绩永载史册，他们的革命精神必将影响一代又一代的革命新人，造就一代又一代的民族脊梁。

在社会主义革命和建设时期，革命老区和老区人民响应党的号召，面对落后的面貌、脆弱的经济、恶劣的生态环境，他们本色不变，精神不丢，自力更生，艰苦奋斗，干一行爱一行。始终坚持“革命理想高于天”，自觉做共产主义远大理想的坚定信仰者和忠实实践者，勇于向恶劣的自然环境和贫穷落后宣战，他们在各条战线上为国建功立业，用平凡的双手创造了一个又一个不平凡的奇迹，彰显了老区人的崇高精神和人格力量。

在改革开放的伟大进程中，老区人民解放思想，勇于创新，发奋图强，攻坚克难，老区的经济社会建设取得了辉煌成就。特别是在改变中国的面貌、中华民族的面貌、中国人民的面貌、中国共产党的面貌的伟大实践中发挥了至关重要的作用。老区人民既是改革开放的参与者，也是改革开放的推动者。

艰苦练意志，危难见精神。老区人民在近百年的革命战争、社会主义建设和改革开放的伟大实践中，孕育形成了伟大的老区精神：爱党信党、坚定不移的理想信念；舍生忘死、无私奉献的博大胸怀；不屈不挠、敢于胜利的英雄气概；自强不息、艰苦奋斗的顽强斗志；求真务实、开拓创新的科学态度；鱼水情深、生死相依的光荣传统。这是党和人民宝贵的精神财富、丰厚的政治资源，是凝心聚力、振奋民族精神的重要法宝，也是社会主义核心价值观的重要内容。

中国老区建设促进会怀着强烈的政治责任感和历史使命感，组织全国各地老促会人员克服困难，尽心竭力编纂《全国革命老区县发展史》丛书，记录老区的光辉历史和辉煌成就，传承红色基因，弘扬老区精神，是功在当代，利及千秋的一件大事。手捧这部丛书的部分书稿，读着书中的故事，倍感亲切，深感这部丛书具有资政、育人、存史的社会功能，有着重要的时代和历史价值。它是不忘初心、牢记使命的源头活水，是赞颂共产党、讴歌老区人民的一部精品力作，是弘扬老区精神、传承红色记忆的丰厚载体，是一项继承优秀传统文化、弘扬革命文化、发展社会主义先进文化，坚定“四个自信”的宏大文化工程。它必将成为一种文化品牌，为各界人士了解老区宣传老区支持老区提供一部有价值的研究史料。希望读者朋友们能从中了解并牢记这些为党和民族的利益不断奉献的老区人民，从中得到教益，汲取人生奋斗的精神动力。

新时代赋予新使命，新起点开启新征程。让我们更加紧密地团结在以习近平同志为核心的党中央周围，坚持以习近平新时代中国特色社会主义思想为指导，增强“四个意识”，坚定“四个自信”，做到“两个维护”，弘扬老区精神，铭记苦难辉煌。为实现“两个一百年”奋斗目标，实现中华民族伟大复兴的中国梦做出新的更大的贡献！

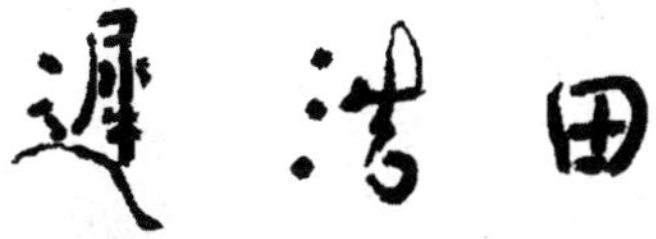

2019 年4 月11 日

编写说明

2017年6月，中国老区建设促进会组织全国各地老促会启动编纂《全国革命老区县发展史》丛书，按照“建立中国共产党、成立中华人民共和国、推进改革开放和中国特色社会主义事业”三大里程碑的历史脉络，系统书写革命老区百年历史，深入挖掘革命老区红色文化资源，这对于充实丰富中国革命史籍宝库、在新时代传承红色基因、弘扬革命精神、强固根本，对于激励人们在新的历史条件下夺取中国特色社会主义伟大胜利，实现中华民族伟大复兴的中国梦具有重要意义。

丛书编纂以习近平新时代中国特色社会主义思想为指导，以《中国共产党历史》《中国共产党的九十年》等重要文献为基本依据，以党的领导为核心，以老区人民为主体，以老区发展为主线，体现历史进程特征，突出时代发展特色，坚持辩证唯物主义和历史唯物主义相统一、历史真实性与内容可读性相统一的原则，书写革命老区从站起来、富起来到强起来的光辉革命史、不懈奋斗史、辉煌成就史，把老区人民的伟大贡献、伟大创造、伟大成就、伟大精神充分展示出来，形成一部具有厚重历史特征和鲜明时代特色的精品力作。这是一部培根铸魂、守正创新，既为历史立言，又为时代服务，字里行间流淌着红色血脉、催生着革命激情的传世之作。丛书的编纂出版将成为讴歌党讴歌人民讴歌时代、传播红色文化、为革命老区和老区人民树碑立传的重要载体。丛书按照编年体与纪事本末体相结合、以编年体为主的编写体例确定框架结构；运用时经事纬、点面结合的方式记述史实；坚持人事结合、以事带人的原则处理人与事的关系；采取夹叙夹议、叙论结合以叙为主的方法展开内容。做到史料与史论、历史与现实、政治与学术统一，文献性、学术性、知识性相兼容。

为编纂好《全国革命老区县发展史》丛书，打造红色文化品牌，中国老区建设促进会认真组织积极协调，提出政治立场鲜明、史料真实准确、思想论述深刻、历史维度厚重、时代特色突出、编写体例规范、篇目布局合理、审读把关严格、出版制作精良的编纂出版总要求，力求达到革命史籍精品的精神高度、思想深度、知识广度、语言力度，增强丛书的权威性和社会影响力。各省（区、市）、市（州、盟）、县（市、区、旗）老促会的同志，以强烈的使命感、责任感和紧迫感，勇于担当，积极作为，认真实施，组织由老促会成员、专家学者等参加的十余万人编纂队伍。编纂工作主体责任在县，省、市组织协调、有力指导、审读把关。各方面人员以高度负责的精神和科学严谨的态度，满腔热情地投入工作，为丛书编纂出版做出了重要贡献。丛书编纂工作还得到了党和国家有关部委、地方各级党委政府及有关部门的大力支持和积极参与，社会各界也给予了热情帮助。中共中央政治局原委员、中央军委原副主席、原国务委员兼国防部长迟浩田上将，对老区人民怀有深厚感情，对革命老区建设发展十分关注，欣然为《全国革命老区县发展史》丛书作总序。

丛书由总册和1 599 部分册（每个革命老区县编纂1部分册）组成，共1 600 册。鉴于丛书所记述的史实内容多、时间跨度长和编纂时间紧，不妥之处，敬请批评指正。

中国老区建设促进会

目　录

序 言

方正县具有光荣的革命传统。1979年被国家认定为一类革命老区。在这片洒满无数英雄烈士鲜血的土地上留下过赵尚志、李兆麟、冯仲云、李延禄等许多抗日将领革命将领坚定无悔的足迹和无数抗联战士英勇奋战的身影；郑万昌、刘兴亚、李秋岳、吴景财、郑洪涛、何畏、王俭等一个个烈士的名字，书写了气贯长虹的浩然正气之歌。革命先辈们顽强斗争，抛头颅、撒热血、泣鬼神、动天地的英雄事迹永垂史册。

《方正县革命老区发展史》记述了方正县自1909年建县以来所发生的重大历史事件和抗战史实中腥风血雨的蹉跎岁月，记叙了波澜壮阔的方正发展历程。是一部激荡情怀的历史画卷，亦是一部缅怀过去、激励未来的壮丽史册。

方正人民英勇顽强，不畏强暴，早在清朝末期，就相继发起了一场场反封建反压迫不屈不挠的斗争。

在"九一八"事变后的1932年，抗日自卫军就在方正人民的参与支持下誓死保家卫国，于方正西部与日伪展开过50多天刀光剑影的斗争。方正县是黑龙江省建立党组织最早的县份之一。抗日战争初期，中共珠河（今尚志市）县委就派共产党员到方正县境内开展党的地下活动。1933年建立第一个党支部，开始建立自己的武装。1937年建立方正县委，许多共产党人和爱国志士为了人民的利益、为了民族的解放事业献出了宝贵生命。赵尚志领导的抗联三军，李延禄领导的抗联四军及五、六、七、八、九、十一军等都在方正地区同日寇进行过艰苦卓绝的浴血奋战，他们在白山黑水间、在冰天雪地里、在丛山密林中，奋勇杀敌，背水一战为革命洒尽热血，赢得了抗日战争的最后胜利。十四年的连天烽火，十四年的可歌可泣，再一次锤炼了方正人民坚忍不拔英勇顽强的性格。

1945年抗战胜利后，在党的领导下建立起了人民民主政权，方正人民听党话，跟党走，经历了清剿匪患、土改反霸斗争，巩固了民主政权。1946年进行了社会主义改造，全面建设新中国，全县人民才终于走上了当家做主的社会主义康庄大道。

1978年12月党的十一届三中全会召开，方正县步入改革开放新时期，全县经济、社会事业得到快速发展。改革开放四十年来特别是党的十八大以来，方正县人民在县委、县政府的正确领导下，团结奋进、锐意进取，深化改革，经济发展持续加快，城乡建设日新月异，社会事业全面进步，全县政治安定、社会稳定，人民群众生活水平和幸福指数不断提升。

雄关漫道真如铁，而今迈步从头越。革命老区的光荣历史和优良传统，是我们宝贵的精神财富。我们一定要不忘初心、牢记使命，将红色基因代代传承下去，从红色记忆中汲取力量，在推动方正全面振兴的进程中再建新功、再创辉煌。

中共方正县委书记　张建华

第一章　区域概况

第一节　历史概述

方正县于1909年建县。远在夏、商、周时期属肃慎之地，是现在的满族人先民。据2007年在方正县松南乡于家屯汉魏遗址最新考古发现，方正区域人类活动遗迹在距今2 000余年的汉魏时期。战国、秦、汉、三国、两晋时期方正地区属扶余属地（今吉林扶余一带），南北朝时期始属勿吉，继属靺鞨。唐初属渤海国，辽代属女真徒单步（女真为满人先民的一部分）。金代属上京路会宁府曲江县（现阿城白城子东）。元代始属开元路呼尔哈万户府，后属女真水达达路（松花江流域）。明代始属辽东三万卫指挥司，后设努而干都司。到了清代方正境隶属关系变化较大，始属宁古塔昂帮章京，后设三姓副都统（三姓为现在的依兰）。光绪三十三年（1907年），东北设省，把现在方正境蚂蜒河以东部分与当时汤原县西部合并，设大通县，治于松花江北崇北古尔库站（今通河三站）。大通县下辖江北五社（即一站、二站、三站、四站、五站，均为古驿站）及江南方正泡地区十旗公田局。大通县属吉林省依兰道。

光绪三十四年（1908年），以松花江为界划分吉林省和黑龙江省两岸疆域，将原吉林省所辖的大通、汤原两县所属松花江以北改隶黑龙江，其在江南部分仍辖于吉林省。

宣统元年（1909年）农历三月初三，东三省总督徐世昌、吉林巡抚陈昭常奏请“将吉林旧有之大通县移驻松花江南岸方正泡地方，即改名方正县”，建县城于方正泡十旗公田局中，县以泡名，设置方正，驻方正泡街，辖于吉林省。

方正县行政管辖区域，是由滨州府和依兰府的部分土地合并而成。

方正泡，满语“巴扎尔模”，汉译“对岸的泡子”之意。指松花江北岸人对南岸此泡子的称呼。“巴扎尔模”，缩音谐音为“方正”。

“民国”初期，仍辖于吉林省，省下设道，属依兰道。1929年东北政务委员会成立，废道制，县归省直接管辖，方正县仍归吉林省管辖。

1932年4月4日，日本侵略军占领方正县城，方正沦为殖民地。5月，伪方正县政府成立。1934年12月，实行地方机构改革，方正县划属三江省。

1945年8月22日，苏联红军开进方正县城，方正县光复。1946年1月，三五九旅开进方正县城。2月，方正县民主政府成立。1947年6月5日，东北新省区方案公布，方正县划属松江省，辖哈东专属。1954年8月1日，改隶于黑龙江省，始属牡丹江专区。1979年，改属松花江地区。1994年1月，划归哈尔滨管辖至今。

早在辽金时期，居住在松花江西岸的女真人，主要以渔猎为生，先后不断有人落脚方正地区。现在天门乡的金代古城遗址和金代古墓遗址，印证了当时历史的兴衰。方正县村屯大多始建于清代。清王朝曾把东北作为“国家肇兴”之地，多次向地方下禁令，阻止人们进入东北山区垦地。乾隆四十一年（1776年）下令“全部封禁吉林山区”，把长白山和张广才岭划为清朝采参和捕猎之地。方正泡东南地区，是清朝“贡品”的产地。在封禁期间，清王朝每年向三姓副都统下达“贡貂”和“贡参”任务。直到光绪六年（1880年），才开始“解禁”，方正外来人口增多。

1924年至1929年间，关内山东、河北、河南、山西等省大批难民，其势如潮涌，闯入东北三省，即所谓的“关东潮”。大批闯关东难民陆续北上，这对方正地区的进一步开发和人口聚集起到了很大的推动作用。1914年，为促进荒地出售，吉林省公署制定《吉林省放荒规则》，放荒计算单位为16方划为一井，每井4区，每区4方，每方45垧，每垧2 880弓。一“井”等于720垧。有哪姓落户垦荒井子田，就叫什么井子。如谭先生井子、莱德水井子等。当时在方正旗地范围内共有17个半井子。当时方正县十旗（后改八旗）公田局所属荒地面积约15 000垧；民地34 343垧。后来旗公田管理部门按“黄”“白”“红”“蓝”定了旗名，如安乐村又叫红旗一屯。在方正县历史上，有18个旗屯，清代雍正初年（1723年）起，实行“八旗”驻防和“京畿移垦”。

方正县方正镇原系一个小村落，清代叫方正泡村，一直辖于依兰。据县志记载，1909年建县之初，方正县总户数仅有237户，1 904口人。新中国成立前，方正县工业非常落后，方正镇只有几家私营烧锅（酒坊）、杂货铺、油坊、铁匠炉及小型铁木加工厂（场）。粮食亩产仅110斤左右。人民生活水平极低。新中国成立后，方正县人民继承革命老区光荣传统，弘扬老区革命精神，积极参与经济建设，方正县落后面貌得到迅速改观，人民生活水平发生翻天覆地变化。特别是党的十一届三中全会以后，随着改革开放的不断深入，国民经济和社会事业取得巨大成就。

1960年第一个五年计划末期，全县工业总产值实现7 778千元；农业总产值实现7 300千元；粮食总产量60 037千斤，粮食平均亩产116斤；农民人均收入57元。

到2017年第十三个五年规划期间，粮食总产实现8.38亿斤，亩产超千斤；完成地区生产总值65.6亿元，地方公共财政预算收入完成2.3亿元，全社会固定投资29.7亿元，社会消费品零售总额38.2亿元，城镇居民可支配收入21 888元，农村居民人均纯收入12 954元。

2017年现有常住人口21.5万人，民族有汉族、朝鲜族、回族、蒙古族、壮族、锡伯族、鄂伦春族、藏族、傣族、土家族等，其中汉族占96%。

方正县1979年被国家确定为一类革命老区。现已发展成为著名东北旅日侨乡，中国寒地水稻旱育稀植技术发源地，中国富硒大米之乡，中国林蛙之乡，中国民间剪纸艺术之乡，国家级方正银鲫繁育基地，首批国家生态示范区，东北亚木材集散地，塞北小江南，龙江鱼米乡。

方正历经了百年沧桑，百年的励精图治，成就了百年辉煌。

第二节 自然地理

方正县位于黑龙江省中南部，松花江中游南岸，长白山支脉张广才岭西北麓，地理坐标在东经128°13′20″—129°33′20″和北纬45°32′46″—46°09′00″之间。北与通河县隔江相望，东与依兰县为邻，东南与林口县、海林县接壤，南与延寿县、尚志市毗邻。总面积2 969.4平方公里。俗称七山半水二分半田。

方正县地处哈尔滨市与佳木斯市水陆交通咽喉要地，战略地位十分重要，是历代兵家必争之地。西距省会城市哈尔滨166公里。

方正县地理位置优越，同三公路横贯东西，讷鸡、铁通等省级公路纵贯南北。途经方正县的哈佳铁路使方正进入哈尔滨“一小时都市圈”。境内松花江沿线6个码头，航运船只可经黑龙江直抵俄罗斯。水陆交通十分便利，是哈尔滨市、佳木斯市两大城市间重要交通枢纽和经济发展的人流、物流中心。

方正县属寒温带大陆性季风气候，气温季节性明显，年最高气温在35℃左右，最低气温在-33℃左右，年无霜期144天。

方正县境内三山环绕，九河汇流，平原坦荡，绿海藏宝、黑土流金，物产十分丰富，其中水稻、林木、山特产品、水产品、地下矿产、生态旅游等资源十分丰富。

全县总面积296 855公顷，其中耕地68 107公顷。全县森林面积93 281公顷，活立木蓄积量1 728万立方米，森林覆盖率72.9%。树种达百余种，其中红松、落叶松、冷杉、云杉、榆、黄波罗、紫椴、胡桃楸、桦树储量丰富。

方正县属丘陵——低山区地形，南高北低，海拔在110米至340米之间，东南部张广才岭主峰1 309米为全县最高峰。中部为蚂蜒河河谷冲积平原，黑土肥沃，适合农作物生长。

方正县境内矿产资源丰富，有煤、玄武岩、石英石、花岗岩、大理石、水晶石、金、铁、铜、铝、石油等矿藏20余种。其中煤炭储量2 500万吨，石英石、大理石、玄武岩总储量分别为392万吨、850万吨、711万吨，具有很大开发价值。

方正县境内野生动物资源也很丰富，主要有熊、狼、虎、金钱豹、猞猁、狸、狐、貉、野猪、紫貂、黄鼬、獾、水獭、鹿、狍、刺猬、野兔等。

方正县境内山高林密，蕴藏丰富植物资源。中草药有：人参、刺五加、平贝、黄芪、五味子、柴胡等。山野菜有：蕨菜、薇菜、猴腿、老牛广、广东菜、黄花菜等。可食用菌类产品有：

黑木耳、榛蘑、黄蘑、松蘑、猴头蘑等。山野果有：山梨、山葡萄、猕猴桃、山里红、山丁子、松子、榛子、橡子、核桃等。

方正县境内水资源丰富。河流纵横，湖泡密布。主要河流有松花江、蚂蜒河、黄泥河、大罗密河、小罗密河等21条，河流总长429.8公里。境内湖泡200余处，有中小型水库8座。

第三节 行政区划

境域变化

方正县设置以来，行政区划变化较大，辖区面积也发生变化。

宣统元年（1909年）建县之初，版图如一弯尺，横陈于松花江南岸。东至依兰府，以牡丹江为界；北至黑龙江，以松花江为界；南接延寿县，计东西285里，南北平均114里。面积10 806.2平方公里。

宣统三年（1911年），猪蹄河以东至牡丹江部分1 592.5平方公里划归依兰府管理。

民国及东北沦陷时期，土地辖区面积变化不大。

1946年2月，方正县人民民主政府成立，将延寿县管辖的黄泥河以南的宝兴隆地区划归方正县。与此同时，原属方正县珠河地区的任大屯划归延寿县管辖。

1947年8月，方正县三道通以南至三道河子宁古塔界的6 200平方公里广大山区划归刁翎县管辖，1949年刁翎县并入林口县。

至今，方正县东西最长142.5公里，南北最宽56.2公里，总面积2 969.4平方公里。

区划调整

方正县1909年设置之初，划分为3个区，即第一、二、三区。计有村屯75个。方正街为方正县公署所在地。

民国时期，1921年统计，方正县计有1城、8乡。即县城，天池、向阳、天门、大罗密、吉利、西丰、莲花、白云8个乡。

伪满后期，方正县划分为5个区。第一区辖方正街、南堡、北堡；第二区辖会发恒、二道泊子、桶子河、任大屯等地；第三区辖南天门、瓜兰川（今，天门乡新安村）等地；第四区辖得莫利、伊汉通、二吉利（今，得莫利乡吉利村大房屯）等地；第五区辖大罗勒密、沙河子、陈家亮子、三道通（今，林口县三道通镇）等地。

1946年2月，方正县人民民主政府成立。当时，把方正县西部的任大屯划给延寿县，（现延寿县六团镇新合村）。现东南部的三道通划给林口县，把延寿县夹信镇东部宝兴隆、（宝兴）李花屯（永建）划归方正县。至1949年建政结束，全县划分8个区：城厢区、会发恒区、南天门区、临江区、大罗勒密区、明阳区、宝兴区、珠河区。1956年撤区划乡，全县划为1镇、19乡。1959年1月，撤销乡级政权，建立人民公社工作完成，全县建立5个人民公社。至1981年9月，全县建有1镇、13个公社、131个生产大队、394个生产队。自1984年起，进行行政体制改革，改公社为乡，撤销生产大队和生产队建制，成立村民委员会，改制完成后，全县计有2镇、12乡、131个村、262个自然屯。

至2017年末，全县行政区划为8个乡镇，67个行政村，259个自然屯，8个社区。8个乡（镇）即：方正镇、会发镇、大罗密镇、得莫利镇、天门乡、松南乡、德善乡、宝兴乡。8个社区即：兴商、东升、兴农、民安、育才、政通、恒发（会发镇辖）、和平（大罗密镇辖）。人口21.5万人。

第二章 抗日烽火

第一节 “九一八”事变，日军入侵方正县

“九一八”事变爆发后仅几天时间，日军不足2万人的总兵力迅速占领辽、吉两省近40座城镇。当时驻在辽、吉、黑的东北军尚有17万人。但东北军执行蒋介石不抵抗命令有土不守，致使日军如入无人之境，拱手将东北大好河山让与日本侵略者，实在是中华民族抗御外辱史上的奇耻大辱。

继沈阳、长春、吉林等地沦陷后，日军于1931年11月开始向黑龙江省进犯，虽遇马占山顽强抵抗，日军仍突破黑龙江省驻军防线，于11月19日占领黑龙江省会齐齐哈尔。1932年1月占领锦州，控制了北宁路关外段。1月下旬，日伪军开始向哈尔滨进犯，哈尔滨保卫战失利，2月5日，日军多门第二师团占领北满最大城市哈尔滨。至此，从“九一八”事变到1932年2月5日，4个月零18天时间整个东北三省130余万平方公里的大好河山沦入日本侵略者之手，东北3 000万人民陷入水深火热的苦难深渊。

哈尔滨失陷后，1932年3月下旬，日伪军从哈尔滨出发，经宾县东进，一路先后在高丽帽子、桶子沟、会发恒、谭先井子、南天门黑河口等地遭遇自卫军惨烈阻击，4月4日，日军占领方正县城，4月28日占领南天门，5月11日占领得莫利，至此方正县全

部被日军占领。

日本侵略者侵占方正后，到处烧杀抢掠，无恶不作。

第二节　抗日义勇军英勇抗击日军

“九一八”事变后，东北军民组织抗日救国军、抗日义勇军、自卫军，以及大刀会、红枪会等武装抗击日本侵略者。这些抗日武装当时统称为抗日义勇军，最盛时达50万人。在黑龙江省有马占山领导的抗日救国军，在吉林省东部（今属黑龙江省）有李杜领导的吉林自卫军、王德林领导的吉林救国军等。1931年10月10日，张学良任命黑河警备司令兼步兵第三旅旅长马占山为黑龙江省代主席兼军事总指挥。嫩江桥是由江南通向齐齐哈尔的唯一通道，日军欲占黑龙江省必先夺取嫩江桥。马占山指挥了著名的“江桥战役”，打响了在黑龙江大地上有组织、有领导的中国人民抗击日本侵略者第一枪，点燃了抗日烽火，激发了中国人民抗日救亡的爱国热情。

哈尔滨保卫战

哈尔滨保卫战是继江桥抗战后，东北军爱国官兵又一次抗击日本侵略者的重大战役。当时在哈尔滨及附近的抗日部队有李杜的第二十四旅、邢占清的第二十六旅、丁超的第二十八旅、赵毅的第二十二旅及来自舒兰、五常的冯占海部，约五万余人。

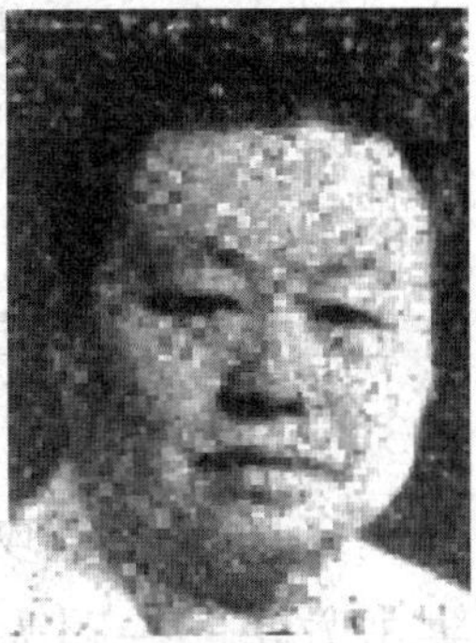

李杜

1932年1月31日，李杜、丁超、冯占海、邢占清、赵毅及吉林省警务处长王之佑在哈尔滨召开军事会议，决定由各抗日部队联合组成吉林自卫军，公推李杜为总司令，丁超为中东路护路军总司令，冯占海为自卫军副司令兼右路总指挥，邢占清为中路总指挥，赵毅为左路总指挥，王之佑为前敌总指挥。1931年10月末，投敌附逆的原吉林骑兵第十六师师长于琛澂被委任为吉林省“剿匪”军司令。1932年1月6日，日本关东军东宫铁男指挥于琛澂等部伪军开始向哈尔滨进犯。

1月28日，日军长谷部支队从长春北上，准备进攻哈尔滨。同时，于琛澂伪军主力从五常向哈尔滨进犯，另一股伪军从双城向哈尔滨逼近。伪军分别向哈尔滨南岗、三棵树发起进攻，李杜、冯占海所部奋起反击，取得了哈尔滨保卫战初步胜利。1月30日，日军长谷部、日军多门二郎所属第二师团第二十九联队等抵达双城堡，同赵毅所部二十二旅发生激战，赵毅旅伤亡惨重，108名义勇军将士壮烈牺牲，双城堡失守。2月2日，日军又增调第二师团司令部、第十五旅团及铁道独立守备大队等大批兵力逼近哈尔滨南郊。敌人在飞机、大炮、坦克、装甲车配合下，从左、右路向哈尔滨市内发起猛烈攻击，2月5日下午攻入哈尔滨火车站，2月5日晚，北满第一大城市哈尔滨陷落。

会发恒阻击战

哈尔滨保卫战经过七天七夜激战失陷后，李杜、丁超、邢占清等自卫军各部被迫东撤，3月份，大队人马相继撤到方正县、延寿县境内，分别驻扎在方正县城、南天门、会发恒，以及延寿县的县城夹信子等地区。自卫军总部亦经呼兰县、巴彦县转移到方正县城。拟以方正县为根据地，积蓄力量，复夺哈尔滨市。1932年3月15日，日本关东军司令本庄繁在哈尔滨下令日军第二师团多门中将进攻自卫军。3月下旬，多门指挥日伪军分兵两路夹击方正。一路为长谷部照信少将率领的日军第二师团步兵第三旅团和由伪哈尔滨市警备副司令兼警备第二旅旅长李文炳指挥本部人马兼骑兵第一旅，从宾州出发，经高丽帽子、桶子沟，向会发恒进犯；一路为天野六郎少将率领的日军第二师团第十五旅团和伪军于琛澂部刘宝麟指挥的步兵第一旅，从尚志市乌吉密出发，经延寿县的夹信子向方正县宝兴隆（今，宝兴乡政府驻地）方向进犯。日伪军总兵力为2个旅团9个旅、2个飞行中队，超过自卫军1倍多。至3月末，其左翼伪军已兵临会发恒，抗日自卫军杨树藩支队顽强阻击。支队长杨树藩亲临一线指挥，不幸头部中弹牺牲，部队受挫。邢占清旅急往增援，战事愈烈。日军以飞机猛烈轰炸，会发恒烟火漫天，尸横遍野。抗日自卫军抗击一昼夜，消耗过甚，会发恒终于落入日伪左路军李文炳手中。

抗日自卫军一日五捷

针对日伪军的进攻部署，自卫军也兵分两路拒敌。李杜、丁超指挥南线部队，指挥部设在珠河县（尚志市）黑龙宫；参谋长杨耀钧指挥北线部队，指挥部设在自卫军总部方正县城。以北线——桶子沟（会发以西至宾县）为主要防御战场。

1932年3月30日上午9时许，自卫军杨耀钧、宫长海、邢占清、姚秉谦、赵毅等将领及各旅团以上军官参加由副总司令兼右路总指挥冯占海召开的紧急军事会议，面对当前严峻军事形势，表示坚决抗日到底。宫长海旅部骑兵独立营营长冯国霖接到敌情报告，立即驰赴前沿阵地——谭先生井子（今，德善乡莲花村）。谭先生井子地处方正县城西部，蚂蜒河东岸，井子（即，屯子）周围筑有丈余高的围墙和几座凸起的炮台。冯占海登上一座两丈多高的炮台，举起望远镜，发现从夹信子方面来的一个骑兵团的伪军与从会发恒方面来的一个步兵营的伪军已经越过蚂蜒河，正在河东陡坎上紧急布阵，还立足未稳。冯占海当机立断，命以迫击炮轰击，两弹皆中目标。伪军倒下一片，一副团长被炸死，余部大乱。冯占海抓准战机，命一连轻骑疾出，在轻重机枪掩护下直扑敌阵。见此情景，敌左路伪军步兵大乱。冯占海即率所有人马及100多名手持红缨枪的当地武装群众分头杀出，刹那间，战马奔腾，杀声震天，伪军全线溃退，除少数人马过河逃走外，其余皆被歼在河边或当了俘虏。此时是3月30日上午10时，自卫军初胜蚂蜒河畔。

冯国霖独立营以少胜多，捷报飞传县城，给各部指挥官以很大鼓舞。指挥部即令以该营为前卫，以宫旅两个骑兵团为主力，总兵力约1 500人，立即西进，冯占海旅长派两门山炮助战，以迅雷不及掩耳之势直扑会发恒。会发恒是日伪军李文炳前卫步兵第三团团部驻地。11时许，顺利突破围墙，以一支轻骑直插敌团部，在自卫军强势围攻下，伪军代理团长孙喜尧被迫投降，自卫军顺利收复会发恒失地，取得大胜。

冯国霖

自卫军两战两捷，缴获大量武器装备，士气高昂。在夜幕掩护下，又沿桶子沟（会发以西至宾县交界的山沟）一路向西乘胜奔袭，在大刘店等处连打两仗全歼伪军李文炳二团和一团。

自卫军乘胜西进，越过腰岭子山，来到伪哈尔滨警备二旅旅部驻地魏家大院，决定以主力袭取旅部，于拂晓发起总攻，三声炮击过后，自卫军发起冲锋，步、骑兵一起扑进魏家大院，尚在梦中的李文炳及其下属仓皇逃命。这场速决战，除李文炳、一名军需官、一个团长逃脱外，伪旅部全数被俘。

至此，该部自卫军一昼夜五战五捷，全歼伪哈尔滨警备第二旅，俘敌3 000余人，缴获大汽车3辆、小汽车1辆、重迫击炮9门、炮弹500发、各种枪支3 000余支、电话机35部、马50余匹，以及该旅3个月的军饷现大洋。

自卫军血染桶子沟

桶子沟地处会发恒西部，因东西向桶子河而得名，桶子河从南北两侧大山中间流过，两岸有高山、峭石，茂密的树林。老哈同公路沿沟底贯穿东西而过，是陆路哈尔滨至方正、佳木斯的交通咽喉要道。它东起会发恒，西至高丽帽子（今宾县胜利乡）长约百里。桶子沟成为方正县西线御敌主要战场。驻守在桶子沟的主要是冯占海部宫长海旅，在会发恒失陷后，组织了数次突围，伤亡很大，直到三天后，冯占海大军赶到，收复会发恒，沟里沟外夹击，转败为胜。在与日寇反复争夺战中，自卫军英勇作战而惨烈，血染桶子河。

自卫军攻打高丽帽子失利后，不得已撤至桶子沟，日军步步紧逼。1932年4月1日，日本侵略军以步兵第三旅团一部分追击自卫军，当晚到达桶子沟。

4月2日，日本侵略军支援部队到达五部落（方正县会发境内六甲屯）；其先头部队继续东犯，7时左右，在大崴子附近，遭到自卫军坚决阻击，双方激战一场。日本侵略军败回，同旅团主力会合，其主力是日军第二师团和于琛澂部。

4月3日，日本侵略军倾全力东犯，11时许，在大崴子西南方攻下自卫军占领的高地。晚上，日军步兵第二十九联队第二大队占领会发恒，主力部队在穷棒子沟宿营。

在桶子沟一线的往复争夺战中，自卫军支队长杨树藩、杨凤山，营长冯占胜、郭子阳，连长张振山等军官数十名阵亡，士兵千余名牺牲。这是日本侵略者欠下中国人民的一笔血债。在战役期间，当地群众主动用花轱辘车为自卫军送水送饭、运送伤员，给了部队很大的支持和鼓舞。战后，又含泪掩埋了英雄烈士尸体。

日伪军侵占方正城

1932年4月2日，一直在哈尔滨指挥作战的日军第二师团长多门乘火车到达乌吉密，3日到延寿。随行的有步兵第六十三联队第三大队、第三炮兵中队、师团通讯队主力、战车2辆、装甲车2辆。

多门一到延寿，立即调整部署，指挥日伪军分左右两路，于4日向方正进犯。

其右翼由天野率领，过亮珠河（今，方正县宝兴乡与延寿县夹信子镇的一条界河）经宝兴隆（今，宝兴乡驻地）向方正县城进犯。

日本侵略军占方正县城前进行侦查

其左翼由长谷部率领，以筛王屯（今，会发镇团结村）为出发地向东进犯。汽车队负责两翼部队的弹药运输和粮草供应。早晨，日伪军右翼到达方正县城西郊，自卫军城外守军宫长海部、姚秉谦部与敌接火。日军以山炮、野炮猛烈轰炸，又有飞机助战，气焰十分嚣张。自卫军亦有充分准备，当日军进攻猛烈时，正面佯为退却，两翼向前包抄，便衣队活动尤烈，日军大败。自卫军乘胜追击，敌受重创，损失极大。下午，日伪军左翼又到。自卫军鏖战终日，伤亡甚大，且弹药不济，为图长远大计，忍痛放弃方正县城，向依兰方向退去。

1932年4月4日下午2时30分，日本侵略者的铁蹄踏进了方正县城。方正沦为殖民地。汉奸于琛澂遂移“剿匪司令部”于方正县城。

自卫军复夺方正县城

自卫军总部撤至依兰后，1932年4月中旬，自卫军总司令李杜在依兰召开军事会议，分析当前形式，会议决定，进行反攻哈尔滨的战斗。具体战斗部署是分左、中、右三路进攻。根据会议决定，各路自卫军由东向西连克海林、珠河、方正、宾县等地，直逼哈尔滨。李杜、丁超坐镇依兰县城指挥并负责粮草弹药补充。

侵占方正的日军第二师团的两个旅团撤回哈尔滨并随师团换防去长春。这样，方正仅有伪军留守，1932年4月12日，自卫军右路总指挥冯占海率所属第一旅、赵维斌第二旅、宫长海第三旅、姚炳乾第四旅等部队从依兰以西出发西进。15日，前卫指挥官赵维斌率部行抵方正城东20里处，与日伪军刘宝麟、杨炳藻等部遭遇。自卫军立即发起进攻。将士们如猛虎出山，舍命前行，誓报前日一箭之仇，气势锐不可当。伪军见状，一触即溃，自卫军追至方正城下，伪军弃城而走。自卫军前卫部队进入方正县城。城内民众出城数里迎接，欢声雷动，爱国激情高涨。

冯占海部占领会发恒全歼伪军李文炳旅红旗插上会城门

自卫军入城后又新编3个旅，分别是原省防军孙鹤喜团、原宾县保安总队刘万辉部及新编部风林第七旅。全军共发展到7个旅、一个支队、一个骑兵团和一个炮兵营，总兵力达到3万余人。

自卫军收复会发恒

1932年4月26日，自卫军以宫长海为前卫指挥官，率姚秉乾、王锡山、孙鹤喜等部向伪军重要驻地会发恒进袭。伪军弹药充足，凭借围墙、炮楼、工事据守，疯狂射击；日本的飞机亦来助战，对自卫军阵地狂轰滥炸，并撒下传单诱降。激烈的战斗从早晨持续到黄昏，敌机无法出动了，自卫军趁机发起冲锋，战士们从四面八方潮水般涌向会发恒街，喊杀声震荡四野，伪军胆破，如鸟兽散。自卫军收复了地处哈同、方珠两公路交会处的战略要地会发恒。此次战役毙伤伪军不计其数，生俘者达2 000余人。缴获迫击炮3门、轻重机枪10挺、击落日军飞机2架、生擒驾驶员石谷中尉、清田少尉。伪“剿匪”总司令于琛澂于驻地烧锅逃跑，几乎被生擒。自卫军团长李德山，营长李俊龙以下200余人牺牲。

自卫军收复会发恒后，以破竹之势，挥师西进，沿途备受群众欢迎，许多青年自携枪支、带马匹投奔该部，部队迅速扩大，不久就攻克宾县。另外两路分别占领了亚布力、珠河等地。三路大军直逼哈尔滨。

依兰失守，自卫军反攻哈尔滨失利

就在自卫军挥师胜利进军之际，日军趁依兰自卫军总部防备空虚之机，大举进攻依兰。日军第十师团主力沿松花江一路东进，突袭方正、通河等地后直抵依兰，依兰只驻有少数留守部队，李杜指挥城内部队奋力抵抗，但寡不敌众，撤出依兰向鸡西一带转移，依兰失守，李杜苦心经营的粮草、被服、军械等统统落入敌手，置前方大军于孤立无援境地，形式急转直下，其他各部亦相继失败，自卫军反攻哈尔滨未成，此后，自卫军各部各自为战，相继抵抗日本侵略者。继围攻哈尔滨保卫战、牡丹江保卫战、齐齐哈尔保卫战失利后，到1933年初，黑龙江义勇军抗战遂告失败，马占山、苏炳文等退入苏联境内，后来辗转入关，继续从事抗日救亡事业。1933年9月，李杜率余部退入苏联境内。

日本侵略军进犯南天门

当自卫军挥师西进反攻哈尔滨之际，其后方依兰、方正一带只有少数部队防守，防备空虚。

接替日本侵略军第二师团驻防哈尔滨的日军第十师团乘虚而入，师团长广濑寿助中将率部队从松花江水路直奔由李杜、丁超坐镇的自卫军总指挥部驻地、后勤供应基地依兰城。同时广濑派遣步兵第三十三旅团长中村馨少将率部“中村队”夺取方正。

武步墀

4月26日晨5时，中村支队分乘18艘船舰，另有5艘江防舰队护卫，在江边还有许多残冰的情况下，在哈尔滨起锚。28日下午4时，抵达方正县南天门黑河口码头。守卫该处的是自卫军赵维斌旅武步墀营。营长武步墀面对着遮盖江面的几十艘舰船的侵略者毫无惧色。他抱着与守土共存亡的决心，率全营战士，乘两艘木船直接迎敌，英勇阻击，以机枪、步枪、手榴弹对炮舰，展开了一场气壮山河的激战。最后，自卫军船只中炮，全营官兵悉数落入水中，武营长头部受重伤仍高呼“中国万岁”，百余官兵，全部壮烈殉国。战后，当地群众从江水中打捞出70余具英雄尸体，葬于江畔。当晚，日军第十联队第二中队登陆。29日天亮前，日军主力登陆，并向天门街（天门乡政府驻地）进犯。在离船舶场4公里处遭遇自卫军400余人的迎头痛击。日军被迫退回到船舶场（天门乡黑河口

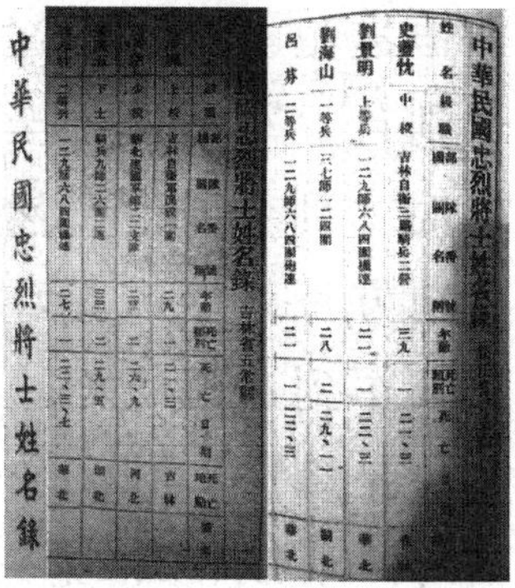
中華民國忠烈將士姓名錄

武玉文（武步墀之孙）抄于国家图书馆

附近）。

在依兰一带指挥作战的日军指挥官广濑得悉中村队受挫，又电令第二船团、第三船团分别于4月30日早晨从哈尔滨出发，增援南天门。由谷口元治郎大佐指挥的第二船团和由中村青吉大佐指挥的第三船团分别在5月1日、3日抵达黑河口，侵略军兵力大增。自卫军派一个团增援南天门黑河口，在屯南构筑阵地。5日上午，日军五六百名，炮10余门、机关枪20余挺向自卫军阵地攻击。自卫军猛烈还击，日军败退。当夜11时，自卫军派敢死队300名袭敌，与日军展开肉搏，毙敌七八十名，其中有高级军官1名。战至天明，日军倾全力反击，自卫军遂退。日军在船舶场站稳了脚跟，控制了南天门一带，同时强征民间车辆，做进一步南犯方正县城准备。

日本侵略军再占方正县城

日军控制南天门后，5月4日晨4时，中村率领旅团司令部、第二船团全部，加配卫生班与运输监视队从船舶场出发，向会发恒进犯。由于沿途受到自卫军阻击，至11时才到会发恒，然后向方正县城进犯。当日军到达蚂蜒河边时，自卫军官兵200余名在河东进入阻击阵地，双方展开激战，当时河水1米深，宽三四十米，桥梁已被破坏。因为是隔河而战，日军武器优势发挥了作用，他们炮轰自卫军阵地，自卫军虽顽强抵抗，终因实力相差过于悬殊而失利。晚7时许，日军步兵第十联队第二大队、炮兵小队涉过蚂蜒河占领自卫军阵地。7

日本侵略军侵占方正后合影

日7时至9时30分，日军主力全部渡河。12时30分，日军到达自卫军设在县城西面的阻击阵地前沿。日军从南、西、西南三面对自卫军阵地实施半包抄。双方交火，自卫军1 000余人凭借掩体进行抵抗。至下午3时50分，敌全线展开猛烈攻势。自卫军抗击至5时30分，人员与弹药不济，力不能支，向东退却。此次战斗，自卫军约300人为国捐躯。1932年5月8日晨，日军步兵第十联队、野炮兵第十联队第八中队、卫生班进入方正县城，方正县城再次沦陷。

日本侵略军侵占得莫利

抗日自卫军留守部队第二次撤离方正后，在得莫利设置了一处阻击阵地，以防日军继续东进。得莫利山在县城东20公里处，雄视松花江南岸哈同公路北侧，可北控松花江，南扼哈同公路，系战略要冲。日军第十师团长广濑得悉自卫军这一部署后，即于5月11日电令中村以主力部队向得莫利进攻。中村支队即分兵三路向得莫利杀来。第一路为右纵队，12月早5时从方正县城出发东犯，9时30分许占领了得莫利西边高地。第二路为左纵队，12日晨4时分乘30多只船从南天门黑河口码头出发，8时许在伊汉通码头登陆，占领伊汉通东侧小河（李清河），做好前进准备。第三路为江上炮兵队，有野炮两门，游弋江上作为火力支持。此外伪军第一船团归中村指挥，由水路参战。同时，日军飞行第七大队第三中队以南天门机场为基地，配合中村支队战斗。11时，中村接到自卫军撤退消息，立即作出追击部署：右翼部队插向得莫利东南方向4公里处，切断自卫军退路；步兵第六十三联队第一大队配合山炮第一小队，向得莫利方向追击；其余部队均从江上向得莫利进犯。然而，至午后1点30分，日军才得知，自卫军仍严守阵地，并未撤退。于是日军再次改变部署：以步兵第六十三联队为主攻部队，从高地西侧出发，实施攻击；以旅团司令部，步兵第十联队第二中队为预备队在二吉利附近登陆，野炮联队主力在伊汉通登陆，赶赴第一线参战；右翼部队从东南方向攻击自卫军侧面。下午3时许，双方接火。日军先以炮击，继而枪炮齐发，飞机也来助战，子弹雨点般落在自卫军阵地上，炮弹掀起的烟火弥漫上空。担任阻击任务的是邢占清部，约2 700人。面对着数量、装备都远胜于己的侵略者，他们毫无畏惧，顽强抵抗，但终因实力悬殊，伤亡甚重。5时许，日军发起总攻，自卫军主动撤退。阵地上担任掩护的700余名战士继续阻击，战斗一直持续到夜幕降临才结束。这次战斗，自卫军百余名战士为国捐躯，战略要地得莫利沦陷。

第三节　日本侵略者在方正县建立伪政权

日本为在东北建立殖民统治政权，1931年10月16日关东军司令官本庄繁在与“满铁”总裁内田康哉谈话时提出了建立满蒙新政权的原则，即：使满蒙完全脱离中国本土；统一满蒙；这个政权表面上由中国人统治，但实际掌握在日本人手里。11月21日，日本国际法顾问松本与关东军参谋板垣、石原协商制定了《满蒙共和国统治大纲方案》。10月24日，日陆军中央部又派白川义一大将与板垣、石原起草了《解决满蒙问题的根本方案》，主张在辽、吉、黑三省伪政权全部建立后，最后建立统一的“新国家”。

1932年2月16日，在日本关东军操纵控制下，于沈阳召开了伪满洲国“建国会议”。参加会议的主要人物有：伪奉天省省长臧式毅、伪吉林省公署长官熙洽、伪黑龙江省省长张景惠以及日本极力拉拢的黑龙江省代主席兼军事总指挥马占山。2

月17日，组成一个过渡性的“东北行政委员会”，张景惠为委员长，同日，东北执行委员会发表宣言，宣布脱离国民政府，“东北省区完全独立”。随后，以委员会名义，发表了日本关东军司令部策划的《新国家建国方案》，该方案将“新国家”定名为“满洲国”，以清朝废帝溥仪为“执政”，并改年号为“大同”。定“首都”在长春，将长春改称“新京”；3月1日举行“建国典礼”。以满洲国名义发表了“建国宣言”，宣布满洲国正式成立。3月9日溥仪就任“满洲国执政”，汉奸郑孝胥充任伪“国务总理”。1932年9月15日，新任关东军司令官、日本驻伪满洲国特命全权大使武藤信义，与伪总理郑孝胥签订《日满议定书》。当天，日本政府发表声明，正式承认了伪满洲国。

日伪当局公布的《政府组织法》规定，伪满洲国实行立法、行政、司法、监察四权分立，在执政之下分设国务院、立法院、检察院三院以及民政、军政、财政、外交、实业、司法、交通等七部。在军事组织上，根据《日满密约》，成立了伪军政部，组建伪满军队，伪满军队多由投降日本的东北军组成。

伪满洲国是在日本帝国主义操纵支持下，由一小撮汉奸、走狗拼凑而成的，是一个卖国的、傀儡的具有殖民地性质的伪政权。

1932年4月，日本侵略者侵占方正县城后，于5月份由日寇山西太尉组织了方正县治安维持会。山西太尉自任维持会长，景阳春任副会长。不久又成立了伪县公署。初署吉林省。1934年12月划归三江省（今佳木斯市）。县公署设县长、参事官。下设总务科、警务局、内务局、财务局、教育局。

伪县公署县长为中国人，参事官（副县长）均为日本人。方正县首任伪县长为景阳春、副县长渡边通。县长只是傀儡，实际由副县长日本人说了算。

伪县公署成立后，又相继在各村成立了村级伪政权。开始叫保甲所，不久便改称为村公所。当时方正县有7个街村公所。

第四节　郑万昌举起抗击日寇大旗

郑万昌，1880年生于河北省建成县一户贫苦农家。后因家乡受灾，几经辗转，于1903年来到德善乡丰裕村找到本家站住了脚，后到方正县大罗勒密村以打猎为生。大罗勒密地处山区，常有动物出没，猎事频繁。郑万昌年轻时是一名出色猎手，遂组织了一个狩猎队，远近闻名，当地人称之为炮手队，称郑万昌为郑炮。1929年，“中华民国”驻依兰镇守使李杜旅长闻其大名，将其收编为部下委任为连长，常年驻守大罗密，为李部筹集军需物品，保护地方安全。同年，大罗勒密木材商人张景隆聘请郑万昌炮手队为他的裕方木材公司当护勇。

郑万昌

“九一八”事变后，性情豪放耿直的郑万昌，出于民族义愤和对日寇的仇恨，上书李杜，请求李起兵抗日。翌年春，李杜率部西进抗日前线。郑奉命留守地方，他加紧训练其炮手队，准备迎击侵略者。

1932年，日军侵占大罗勒密，敌人企图以重金收买郑万昌。郑大义凛然，将刀子扎在桌子上，痛斥前来说降的汉奸。从此，郑万昌举起抗日大旗，率领其炮手队，以深山密林为依托，同日本侵略者进行了长达7年之久的武装斗争，1932年至1939年，在方正县大罗勒密山区，活跃着一支专打鬼子的“万昌队”。

新四棚伏击日伪军

1932年秋，郑万昌突袭大罗勒密日本守备队，随后反出大罗勒密，将队伍拉进事先准备好的四棚岭密营。9月，大罗勒密守备队队长时毛少佐决计剿灭郑万昌。郑万昌通过内线关系得知日伪军将于第二天进山“讨伐”，队长郑万昌便在翌日晨率部30余人在敌人必经之地新四棚设下埋伏。万昌队队员全部是大罗勒密一带的好猎手，战斗力强。将近中午，驻大罗勒密日军守备队队长中野率日伪军成一字长蛇阵向山里开来，前边是30多个伪军，隔一段距离是50多个日本侵略军。郑万昌放过伪军，待日军来到近前时，他鸣枪为号，队员们一阵准确的点射，毙敌七八个。待伪军回援时，日军又倒下三四个，混乱中，敌酋石毛少佐右手腕被打断，敌指挥官中野负伤。日军仗恃人多，向山上发起冲锋。万昌队又以准确的射击给敌人很大杀伤。待日伪军付出很大代价爬上山顶时，万昌队已撤得不见踪影。万昌队四棚岭初战告捷，打响了方正地区人们自发抗日武装第一枪。

联银和队攻打大罗勒密街

1933年春，万昌队与抗日群众武装银和队联和攻打大罗勒密街。战斗之前，郑万昌派一部分队员事先潜伏在街内，半夜时分，这部分队员鸣枪举火、鼓噪呐喊，吸引日伪军进行巷战。这时，潜伏在街外的郑万昌率主力与银和队一起攻破南门，夹击敌人。混战中，郑率一部分精干的队员直捣日军北大营。守敌拼死抵抗，数挺机枪交叉成密集的火网，封锁他们前进的道路。郑部没有重武器，压制不住日军火力，未能攻陷北大营。凌晨撤出战斗，安全转移。事后，日军吓得很快增兵大罗勒密加强了防守。

三道沟伏击日本侵略军

1933年7月，万昌队在山里休整，接到山外送来的情报：日本侵略军百余人要去三道沟“讨伐”。三道沟在大罗勒密屯以东、三家子东南。郑万昌立即率队拉山道奔向三道沟，在三道沟公路以北长岭山选择伏击地点。第二天中午，探得日本侵略军在接近长岭山时岔到另一条路上去了。原来日本侵略军吃过被伏击的亏，所以这次有意避开地势险峻的长岭山。郑万昌当即派10名队员插向敌前诱敌。“讨伐”队发现他们，即行尾追。他们故作惊恐逃逸之状，三折二绕，把日军引上了长岭山。日军呈扇形散开，向山上包抄。待其近到20米时，万昌队伏击开火，十几个侵略者当即毙命。剩下的隐入树丛伏地还击，几挺机枪向山上猛扫，打得枝叶横飞，万昌队战士们抬不起头来。日军在机枪掩护下，向山上迅速靠近。郑万昌指挥队员们待敌人接近不足10米远机枪停止扫射时，以排枪射杀。日军倒下一片，余者回窜。就这样，万昌队一连打退敌人3次冲锋。在日本侵略军指挥官尚床武挥刀督阵组织第四次冲锋时，被郑万昌发现，一枪毙命。日本侵略军顿时大乱，郑万昌乘机率领队员打起反冲锋，将敌军压下山去，追击五六里远。

此次战斗毙敌30余人，缴枪30余支、子弹数千发。这次战斗使大罗勒密日伪军谈郑色变。日伪当局出赏银1 500元、200两烟土收买郑的人头。日本侵略军指挥官时毛给上峰的报告中说：“大罗勒密郑匪一日不除，我军一日不安。”他对部下说：“小小大罗勒密，大大的郑万昌。”

加入东北抗日同盟第四军

1934年6月，东北抗日同盟军第四军来到大罗勒密开辟根据地，郑万昌接受四军军长李延禄改编意见，“万昌队”成为四军地方游击连。郑万昌先后担任过四军二团第三连连长、军需筹备处处长、一师二团三营营长、密营被服厂负责人等职务。四军二团团长张魁同志牺牲后，提升郑万昌同志为二团团长职务。郑万昌之子郑洪涛，也随其父入编四军，先后任四军二团政委、团长。曾领导二团进行了四军史上著名的西征。1937年秋，郑洪涛任抗联三军一师政治部主任，后任九师政治部主任。郑万昌的女儿郑桂珍也加入了抗联四军，担任方正抗联与依兰抗联的秘密联络工作。

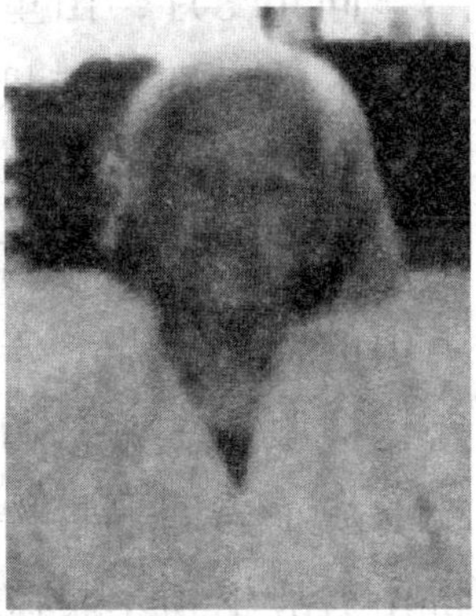
郑桂珍

郑万昌在开辟根据地、筹集军需品方面作出很大贡献。他先后参加过大小战斗数十次，他曾率游击连与“明山（祁致中，曾任东北抗日联军师长、抗联十一军军长）队” 和赵尚志部队的一部分联合攻打过大罗勒密街，参加过三、四、七军攻打依兰县城之战，与三军一师常有钧部合兵袭击过驻方正城南尤家屯的“讨伐队”，曾截击过给伪森林警察送给养的小火车。郑万昌就这样驰骋在民族抗日战场上，屡建奇功。

截击森林小火车

1937年春，抗联四军二团三营营长郑万昌率部在大罗勒密山区，截击给伪森林警察送给养的森林小火车，击毙押车的伪自卫团团丁6人，击伤伪自卫团团长薛庆彬，缴步枪6支、机枪1挺，及大量军需物资。

英雄遇难壮烈牺牲

1938年，抗联四军开始西征。郑万昌率部在根据地坚持斗争，并担任设在大罗勒密干饭锅抗联密营被服厂负责人。

1938年后，抗日战争进入最艰苦阶段。1939年4月，日伪军500余人，用“拉大网”战术围剿郑万昌部。郑凭借熟悉的山区地形和道路同敌人“捉迷藏”，使敌人东扑西撞、疲于奔命、处处扑空。郑万昌则相机击敌，在二棚岭、腰川、陈家亮子以北打了三个伏击战，毙敌数十名。敌不得不草草收兵。郑万昌取得反“讨伐”的胜利，但身边仅剩8名战士了。

同年 8月，山里断粮，郑万昌派战士张永太下山筹粮。张永太下山后即叛变投敌，接着出卖了随后下山筹粮的左洪亮、王连仲，供出密营与被服厂地址。郑见3人久出未归，便将被服厂转移到第二处密营，以防不测。然后亲自下山。就在郑万昌下山的当天夜里，3个叛徒带领伪警察和自卫团60余人偷袭了密营被服厂。密营留守战士3女1男，交火后，男战士负伤，一个女战士当即牺牲，另两名被俘。敌人砸坏机器、烧毁密营。负伤男战士拒不投降，被杀害。郑万昌闻讯后，万分悲愤，火速赶回山里，掩埋了战友遗体，随即带领3名警卫员潜入大罗勒密东南的胡家沟，准备设法营救被俘战友并相机复仇。郑万昌托“大活人”（中间人）焦芳（后叛变投敌），找伪警察署长宋维堂赎人，宋维堂与日军守备队长时毛密谋，诱骗郑万昌以五十两大烟土赎人。约定8月23日晚上在胡家沟焦芳家（在这以前焦芳家是抗联四军在胡家沟设的秘密联络站）一手交烟土一手交人。当日时毛密令张胜、隋杰清（伪自卫团头目）等带二十几个伪自卫团丁到胡家沟焦芳家四周设伏。晚上郑万昌如约前来，进屋一看愣了，这里并没有时毛派来的人以及被俘的战士。炕上放张桌子，桌子上点盏麻油灯，摆有酒菜，郑万昌明白了，这是焦芳给他的饯行酒。半夜时分，叛徒张永太带着伪警察和伪自卫团的人已悄悄包围了房屋，伪自卫团副总隋杰清首先开枪打中了郑万昌的腹部。就在枪响同时，郑飞脚踢翻了炕桌，人已滚落地上，手中匣枪射出一排火焰。一梭子弹打完后，这才发现自己的腹部受伤了，鲜红一片。他忍着剧痛右手拿枪射击，左手压住腹部，与警卫员一起还击，他一口气打了60多发子弹，门口的帘子被打飞了，窗棂也被打碎了。但时间一长，因流血过多，伤势过重，郑万昌终于昏死过去。醒来时，伪自卫团副总隋杰清和叛徒张永太劝郑投降时，郑万昌怒不可遏，指着张永太厉声道："中国人的事都坏在你们这帮汉奸叛徒手里了，我是不会投降的，你们拿我的脑袋到日本人那里请功去吧！"叛徒张永太在其主子的示意下，给郑连补了三枪……郑的警卫员也同时罹难。残忍的敌人割下郑的头颅，挂在大罗勒密城头示众。大罗勒密群众无不垂泪哀悼。

第五节 方正县地下党的建立及活动

1921年7月23日，中国共产党第一次全国人民代表大会在上海召开，大会宣告了中国共产党成立。1921年8月中国共产党中央局在上海成立了中国劳动组合书记部，下设北方分部，作为党领导北方地区工人运动的机构。1921年11月，北京地委派地委组织负责人、中国劳动组合书记部北方分部主任罗章龙赴东北考察工运工作。1923年3月，中共北京区执行委员会根据罗章龙和共产国际的提议，决定派陈为人、李震瀛前往哈尔滨开展建党工作。1926年4月，根据中央指示，中共北方区委决定在哈尔滨成立中共北满地方委员会（简称北满地委、亦称

一九三二年方正地下党支部遗址
（宝兴乡政府所在地西北二华里处）

哈尔滨地委），吴丽石任地委书记。1927年蒋介石“四一二”叛变革命后，日本加紧侵略东北步伐，中国革命处于生死存亡关头。1927年10月24日，党成立中共满洲临时省委，陈为人任临委书记兼宣传部长。1928年9月改为中共满洲省委。1930年8月成立北满特委（兼哈尔滨市委），领导哈尔滨市内及北满地方的党组织。1930年秋至1931年春，在汤原、饶河、阿城、珠河、密山、宁安、穆棱、依兰8个县成立了县级地方党组织。

1932年春，珠河（今尚志市）特支派党员具世领（朝鲜族）到宝兴乡（当时属延寿县）朝鲜人居住区以种水稻为掩护开展党的活动。1933年1月，中共珠河中心县委又派徐明信、孙磕巴、谭振久3名党员到延寿天台山建立延方党支部。下设天台山、宝兴2个党小组，共有党员5名。孙磕巴在延寿县加信子一家较大的商店，以厨师身份为掩护，进行抗日活动。同年7月，因给抗日联军买子弹，被敌人发现自缢。孙磕吧死后，支部书记徐明信去向不明。谭振久在天台山一带以治病为掩护，坚持活动。其后，珠河县委为加强延方支部的领导，巩固新区，又派韩振邦（韩大脚）任延方党支部书记。

1933年8月，在宝兴党小组基础上，建立方正党支部。支部书记任福德，组织委员具世领，宣传委员李金帮。1934年8月，随着抗日斗争形势发展的需要，中共珠河中心县委决定将延方支部改为延方特别支部。派李秋岳（女，朝鲜族）、刘世武、刘兴亚等同志到延方特别支部工作。本届支部共有党员10名。支部书记李秋岳，组织委员刘世武，宣传委员刘兴亚，军事委员佟德山。1936年2月，根据抗日斗争形势的需要，中共延方特别支部领导成员进行调整，

刘兴亚

支部书记李秋岳调往通河县工作，后牺牲在通河县。刘世武任中共延方特别支部书记，组织委员刘兴亚，宣传委员范景海，军事委员佟德山，有党员13名。1936年春，延方特别支部书记刘世武被日伪警察逮捕，牺牲在延寿县城北门外。刘世武牺牲后，刘兴亚担任支部书记，组织委员佟德山。1937年春，中共珠河中心县委遭到敌人破坏，中共满洲省委决定由西向东开展抗日工作，将延方特别支部改为中共方正县委员会。县委书记刘兴亚，宣传委员范景海，组织干事杨春，军事干事金鸣岐。下设会发恒、南天门、得莫利、方正4个支部。共有党员18名。

1935年12月，四军在大罗勒密建立的秘密联络点，由于叛徒的出卖全部被破坏，党的地下工作者张景隆被捕，陈云升被害。

中共方正县委及4个党支部的建立，进一步加强了党对方正地区抗日救国斗争的领导。相继成立了“东北反日救国总会方正分会”“青年反日救国会方正分会”“民众自卫团”“儿童团”“妇救会”等群众性抗日组织。为抗日武装部队传递情报、筹集军需物资、输送兵员、掩护伤病员、配合作战等方面作出较大贡献。1935年3月初，赵尚志率领联合军来袭击方正县城前，县委派交通员与延方特支书记李秋岳取得联系，李秋岳等配合三军侦查员将侦查到的敌伪武器装备、兵力部署等情况及时报告给赵尚志。1936年8月的一个晚上，延方特支宣传委员范景海等将日伪军200多人要进山“讨伐”的消息及时送到在尖山子休整的抗联三军常有钧、李福林等。这个重要情报，使抗联三军避过敌人锋芒，有力地回击了敌人。1937年春，抗联三军急需一批弹药，刘兴亚冒着极大的生命危险去会见方正县伪治安大队连长邵余厚，得到了3箱子弹和一部分衣服、鞋等。自1935

杨春

年至1937年，方正地下党仅募捐每年都达上千元之多。党员申正浩（朝鲜族）以水稻把头为名，暗地摊派，每年都为抗联提供不少钱款。据不完全统计，仅1937年一年，就筹集粮食36 000多斤、衣服2 000多套、内衣2 000多套、胶鞋3 300双、棉大衣200件，棉帽子3 200顶。方正县城党支部书记任福德以中医治疗红伤为名，为抗联购买了大量的药品、枪支弹药等。任福德的表弟隋万义是方正县一带出名的中医大夫，他在任福德的影响下积极为抗联治好不少伤员。在方正东部大罗勒密地区，方正党组织在镇内建立了大东亚药房、邮政代办所等秘密联络点，党员老于头秘密发展了爱国伪职人员陈云山、伪军大队长张凤和、伪商务会长阎怀智、伪农务会会计康文选等。老于头利用这些人的特殊身份，搞到日伪军内部军事情报，通过内线传递给抗联部队。大罗勒密裕方木材公司经理张景隆兼任抗联四军军需处长，经常为四军筹集枪支、弹药、粮食、衣物等军用物资。

1937年“四一五”哈东特委遭敌人破坏，1938年“三一五”日伪军对下江地区（佳木斯地区）党组织进行疯狂破坏，抗日斗争进入最艰苦阶段。中共方正县委按照上级党委《关于发挥党员的独立性工作能力》的指示精神，为保存革命力量，于1938年5月将4个支部17名党员分别潜伏在方正（12名）、延寿（3名）、通河（1名），参军1名。各自进行独立的抗日救国斗争。县委也同时终止活动。

1938年7月，由于叛徒出卖，中共方正县委书记刘兴亚、宣传委员范景海被日伪当局逮捕，方正县地下党组织遭到毁灭性的破坏。1945年5月27日，刘兴亚在日伪长期监禁和折磨下，牺牲于吉林省监狱，时年42岁。

第六节　东北抗日联军战斗在方正县

抗日战争时期，活动在松花江中游、牡丹江流域的方正、依兰、勃利、桦川等县的抗联部队主要有第三、第四、第五、第八、第九、第十一军等。在方正地区活动过的抗联部队（包括抗联前期）是二军、三军、四军、五军、七军、八军、九军、十军、十一军。但活动最多、最频繁的是抗联三军和四军。东北抗联共有11个军，其中有9个军先后在方正战斗过。

抗日军队初来方正

1932年6月末，省委派满洲省委常委、军委书记赵尚志到巴彦反日游击队任参谋长。巴彦游击队失败后，赵尚志于1933年来到哈东，投入孙朝阳部队继续抗日。开始时，他当上了孙朝阳队伍的马夫。一次战斗中，该部队被敌人围困，情势危急。赵尚志为孙朝阳出谋划策，建议以守为攻，攻打宾县县城，孙朝阳接受赵尚志的建议，攻打宾县县城取得胜利，部队转危为安。此后，赵尚志取得孙朝阳欣赏和信任，任命他为参谋长。赵尚志离开义勇军孙朝阳部后，1933年10月10日，组织的珠河反日游击队在珠河县（今尚志市）三股流村正式成立，全队有13名队员，有长短枪13支、有轻机枪1挺。赵尚志任队长，李福林任政治指导员，李启东任经济部长。1934年6月29日改为东北反日游击队哈东支队。1934年10月，东北反日游击队哈东支队（抗联三军前身）第三大队在政委韩光率领下，将抗日游击区由珠河地区（今尚志）扩大到方正县西山里

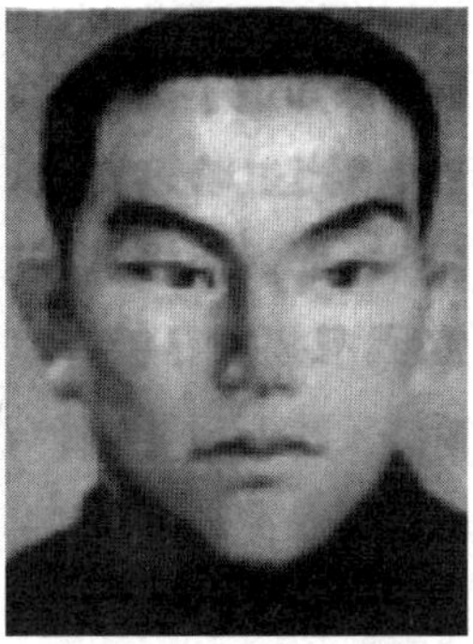

李福林

桶子沟一带，发动群众，开展抗日游击活动。同时，哈东支队第七、第十大队前往延寿、方正县开辟新的游击区。

哈东支队先后在方正南部山区的双子山象鼻岭下和二吉利（伊汉通乡吉利村大房屯）沟里横头山（转山子林场东南部）一带建立了抗联密营。

肖（学）田地战斗

1934年11月25日，赵尚志率哈东支队第十大队200余人自方正县途经延寿县返回珠河县（尚志市）铁道南游击区根据地，在夜宿方正县与宾县毗连的腰岭子附近学田地（当地学校种的校田）时，遭日军望月部队和伪军邓云章团共800余人的围攻。面对强敌，赵尚志沉着应战，指挥战士们英勇杀敌，击退敌人多次进攻。战斗中，支队司令部青年科长宋阶平、秘书及两名队员牺牲。赵尚志左肘部被子弹击中，但他仍顽强指挥战斗，最后因流血过多而昏倒。部队在第七大队队长刘海涛的率领下继续战斗，突出重围，终于返回珠河县铁道南游击区根据地。这次战斗，日伪军及白俄警察伤亡120人。日军指挥官望月对游击队作战之勇敢、撤退时纪律之严整、行动之迅速感到十分惊讶，认为“此中必有名将指挥”。此战后载入抗日军史。

成立东北人民革命军第三军

1935年1月28日，根据中共满洲省委指示，东北反日游击队哈东支队司令部在珠河县铁道南半截河召开会议，宣布哈东支队改编为东北人民革命军第三军。第三军司令部设秘书处、副官处、军需处、执法处、稽查处等。赵尚志任第三军军长，并兼任第三军暂编第一师师长，冯仲云任政治部主任。第一师分编3个团。第一团，团长刘海涛，政治部主任张寿篯（即，李兆麟）；第二团，团长李熙山，政治部主任金策；第三团，团长张连科，政治部主任马宏力。每团辖3个连，连下设排。军部直属部队政治保安连和少年连。全军500人。此外，延寿、方正、五常、舒兰和苇河等地方几支游击连和青年义勇军也与第三军共同活动。

金策

1935年12月中旬，赵尚志率第三军军部去松花江北岸，该军各团改为师的建制。首先第一团在方正扩编为第一师，由刘海涛任师长、张寿篯任政治部主任。1936年8月，第三军第二团同收编的义勇军300余人去方正县，抵达龙头山（今，方正湖以北的东西向大岗）附近的李家屯（今，红旗乡红星村李家屯）时，与日军松本中队约60人展开战斗。日军中队长桥本上尉等17人被击毙，13人被击伤，其余溃逃。第二团缴重机枪2挺、各种枪械39支、子弹2箱。此次战斗胜利，影响远近的民间抗日武装竞相投靠加入第二团，第二团扩编为第三军第二师。吴兴才任师长，关化新任政治部主任。

冯仲云

成立东北反日联合军总指挥部

在三军一团冲破伪军涂旅对延寿、方正游击区进攻时，在附近活动的祁宝堂所率“明山”部山林队主动协同第一团对敌作战。此时，第一团从“明山”队那里得知谢文东在依兰土龙山暴动后，队伍几经辗转战斗，数次受挫，其民众救国军余部正在方正东南部二和尚庙隐蔽徘徊，且由于日伪的策反，队伍处于危险之中。第一团政治部主任张寿篯即前往会见谢文东，鼓励其抗日立场，当场揭露并处决了敌人派来策反的奸细林茂彬，使民众救国军余部转危为安。1935年2月中旬，赵尚志率司令部直属部队由珠河经延寿来到方正县窝里屯（现德善乡丰收村北5公里，原，县白灰窑西部，当时是民间抗日武装“明山队”的营地，后成为抗联三军的秘密联络站，如今窝里屯已不存在）见到祁宝堂。赵尚志、冯仲云向他宣传党的抗日主张和反日统一战线政策。冯仲云见他有志抗日，建议祁宝堂改名为祁致中，以示致力中华民族解放事业。3月初，赵尚志等到大罗勒密，与刘海涛、张寿篯所率第一团会合。张寿篯向赵尚志汇报了第一团在延寿、方正活动及与谢文东（1939年投敌）、李华堂（1939年投敌）会谈的情况。之后，赵尚志与谢文东、李华堂会见。

谢文东自1934年10月率领民众救国军残部转入依兰深山后，陷入绝望之中。参加民众救国军的祁宝堂“明山”队曾去山中告知谢文东处境危险，谢部遂与“明山”队到刁翎游击，收集余部，再转方正活动。1935年2月，同样处于困境中的自卫军支队长李华堂率部前来与谢文东会合，劝说谢文东和他共同请求威名远扬的东北人民革命军第三军帮助重整队伍。当时第三军司令部认为，民众救国军虽然遭受了敌人的严重打击，部队所剩无几，但是土龙山农民反日大暴动的影响，在东北特别是在松花江下游一带异常深远。因此，协助整顿、恢复这支队伍，对东北的抗日事业是有利的。于是，赵尚志在方正再次与谢文东、李华堂会见，经过三方协商，决定在反日到底、保障民众民主权利和不反对共产党的三个条件下，与谢文东、李华堂、祁宝堂等反日义勇军队伍联合。

1935年3月初，东北人民革命军第三军乘胜东进到达方正县东部大罗勒密山区，在大罗勒密山区成立东北反日联合军总指挥部，组建军事委员会，推举赵尚志为总指挥，谢文东为军事委员长，李华堂为副总指挥，张寿篯（李兆麟）为总政治部主任，冯仲云为总秘书长。同时，以东北人民革命军第三军、东北反日联合军总指挥部的名义签发布告，“号召一切反日队伍联合在一起，结成抗日统一战线”。

东北反日联合军总指挥部成立后，为扩大反日联合军的影响，联合军总指挥部决定共同攻打方正县城。

成立东路反日联合军指挥部

第四军在勃利县活动期间，与从方正来的谢文东、李华堂部会合，谢、李表示可同四军联合作战。因谢文东、李华堂已经与赵尚志所部东北人民革命军第三军联合组成东北抗日联合军指挥部，李延禄便同二人商议，成立了东路反日联合军指挥部，李延禄任总指挥，共同在勃利、依兰、方正地区开展抗日游击斗争。

方正被匪攻陷
旋被駐軍奪還
城內精華幾被掠一空

【哈爾濱】頃據消息、久竄擾延方各地、與軍警幾度抗衡之謝文東與李華堂合流之股匪數百名、突於月之九日拂曉、以迅雷不及掩耳之手段、襲擊方正縣城、城內駐守少數陸軍及警團、當即應戰、以衆寡懸殊、終於八時許、被匪攻入、匪人入城後、即施行搶掠燒殺之慣技、當時火燄萬丈、槍聲如爆竹、再益以避難之婦孺哭號呼之聲、眞不啻如人間地獄經過相當時間之苦戰後、方正縣城、終被駐守之軍警團、於下午二時許、努力奪還、匪之退去方向、似向東北方面之伊通德覓里一帶之溝裡、城內損害之調查、計被焚燬民房百餘戶、中費以上民戶什物、亦幾被掠一空云、

赵尚志攻打方正敌伪的报道

联合军攻打方正县城

1935年3月9日凌晨，反日联合军部队共450人，在赵尚志统一指挥下，经长途奔袭，突然包围方正县城。凌晨4时，联合部队分四路发起攻城。城内守敌200多人，依靠城墙、炮台进行顽抗。激战至中午12时，三军突破了敌人火力最强的东城门，率先入城，直扑伪警察署，击伤伪警6人，俘虏伪警务股长1人、伪警察15名，缴枪16支，焚毁日本参事官、指导官住宅。但伪县公署与西大街因敌顽抗未能攻下。其他各部亦均有缴获。直至敌人急从通河、宾县调来援兵。于午后4时，联合军主动安全撤离。这次战斗使依兰、方正一带日伪当局十分震惊，纷纷撤回“讨伐”队，龟缩城里守卫。

联合军柞木台子之战

1935年3月，赵尚志、谢文东、李华堂各部联合军300余人，为摆脱日本侵略军驻佳木斯部队的围追堵截，从延寿县向方正县方向运动，被日本侵略军咬上（追击）。27日，联合军行至柞木台子（今，宝兴乡柞木村）附近，又被日本侵略军小柴部截住，联合军前后受敌，分兵苦战，直至次日黎明前才摆脱日军，向梨树园（今，德善乡梨树村）方向撤退。这次战斗，虽打死日本侵略军伍长名水岛中，打伤日军2人，但联合军损失较大。

联合军东征

坚持抗日的东北义勇军

1935年4月，日伪军调动兵力对珠河抗日根据地进行夏季“大讨伐”。赵尚志率三军一团及祁致中领导的延方游击团、李华堂领导的中国自卫军支队、谢文东领导的民众救国军等队伍组成的联合军迅速转移，向牡丹江沿岸东征。东征途中，联合军先后攻克方正县大罗勒密、三道通等地。尤其是横扫大罗勒密的森林警察据点，对抗日军开展敌后游击活动有十分重要的意义。联合军统一活动，对许多小股民间组织产生很大影响。到6月底，联合军发展到60多支抗日武装。推动了方正、依兰一带抗日斗争形式的发展。攻打大罗勒密和三道通，是这次东征的两次重要战斗。

联合军攻打大罗勒密

1935年4月23日，第三军司令部和第一团重返方正游击区，会同祁致中的“明山”队和王荫武的救世军，决定联合进攻大罗勒密。联合部队实行远途奔袭，途中谢文东的民众救国军也赶来参战。当部队开始进攻时，大罗勒密守敌放火烧毁民房，企图阻止联合军进攻，但抗日武装攻势猛烈，一举攻入大罗勒密街，攻克了警察署，把日伪军压缩到兵营中，日伪军凭借围墙与优势火力固守，联合军无攻坚武器，久攻不下，在给敌人以重创后，天亮时撤出战斗。捣毁了伪警察署和危害群众的大烟馆。缴获了敌人大量马匹和布匹等物资。

联合军攻打三道通

5月初，联合军到达林口县三河子漫天星，又遇王荫武救世军、“东好来”等抗日队伍，各部决定以三军司令部为主，联合进攻三道通（今林口县三道通镇）。三道通有伪军赵团和大排队、森林警察等共80余人。5月6日，联合军发起进攻，首先烧掉了伪警察署，将伪军等全部压缩到齐家大院。齐家大院有高墙炮台，易守难攻，伪军依靠充足弹药坚守不出。联合军为避免攻坚造成损失，主动撤退到漫天星。这时，伪军郝团和大排队150余人，携机枪2挺、大炮11门围追而来。联合军奋起迎击，经三四个小时激战，将追兵击溃。这次战斗的胜利，震动勃利、依兰、方正等地区，三军影响力更加扩大。

1935年10月，三军主力向松花江以北转移，三军一师刘海涛部在方正县大罗勒密山区建立了后方密营，坚持游击斗争。

抗日同盟军四军进入大罗勒密

1932年1月，李延禄被东满党组织派到救国军王德林部开展义勇军工作，任上校参谋长。12月在磨刀石（今磨刀石镇，归牡丹江市所辖）与日军激战后，造成与总部失联，于1933年

1月，将所率部队改编为抗日游击总队。1933年1月下旬，李延禄联合救国军王毓峰营和冯守臣部建立东北抗日救国游击军。1933年7月，改为东北人民革命军，李延禄任军长。1934年6月，李延禄率东北人民革命军来到密山县后，密山反日游击队并入东北人民革命军。1934年9月，密山县委扩大会议后，正式组建东北抗日同盟军司令部，任命李延禄为总司令。并按照满洲省委关于东北统一建军的提议，鉴于南满与东满已建立起东北人民革命军第一、第二独立师，决定将东北抗日同盟军按序编为第四军。该军暂编为第一师，下辖3个团，1个独立营，另设卫队连。全军231人，内有骑兵137人。

李延禄

1935年6月末，李延禄率第四军军部离开勃利青山沟向依兰、方正活动，在方正县东部大罗勒密山区陈家亮子建立军部、密营、被服厂和修械所。并在江南岸的鸡冠山设置税卡，对过往船只收缴救国捐，以解决军费。不久，收编山林队“海龙”部为四军独立第五旅，旅长郭德福。通过该旅的协助，与驻在当地的伪警备旅一部秘密订立互不作战协议；同时，广泛开展统一战线工作，与周围的一些伪军警、自卫团建立秘密联络，使他们向第四军提供枪支、弹药。

9月，第四军军部与驻在方正县三家子（今，大罗勒密镇青山村）的第三军第一团和从勃利返回方正的吉林自卫军支队会合。经李延禄、刘海涛、李华堂商量决定联合攻打方正县洼洪河敌据点，以便打通方正、依兰和汤原各县间的联络通道。

1935年10月，第四军在方正县五道河子（后划归林口县所辖）召开团以上干部会议，传达《八一宣言》和《王康指示信》。根据吉东特委指示，东北抗日同盟军第四军进行整顿，编为7个团、1个旅。全军总兵力达到1 600余人。会后，第四军除第一团随军部活动外，其余各部返回原有游击区活动。

赵尚志率部袭击沙河子

1935年8月9日，赵尚志率部百余人，袭击沙河子（今大罗勒密镇沙河子村）地区日本人开拓团部落，将其烧毁。然后向西运动。夜间，在小罗勒密河附近袭击沙河子驻军军营，解除其武装。

联合军攻打洼洪河

1935年9月7日，李延禄率四军卫队连、刘海涛率三军一团、和李华堂部共200余人，出现在松花江南岸的洼洪河（今大罗勒密镇境内以东），联合军分两队包围洼洪河后发起进攻，不到1小时全歼伪军关团1个排和大排队，缴枪30余支。

猪蹄河伏击战

1936年农历正月初二早晨，在大罗勒密地区活动的四军一师与三军九团及李华堂部郭成一大队得到情报：日本侵略军某部指挥官时毛司令率日本侵略军30余人、伪军200余人，押170辆大车军用物资，由依兰县城运往方正县城，须从大罗勒密东部猪蹄河经过。抗日联合军各部即急赴日伪军必经之地设伏以待。上午10时，日伪军大部分进入伏击圈内。抗日军突然发起攻击。日伪军猝不及防，顷刻之间，全线崩溃。时毛率残部鼠窜。这次战斗，日伪军死亡80余人。抗日军缴获大车91辆，马匹309匹和大量武器弹药，另有花旗布、大布、煤油、豆油、食盐、鲜果、蔬菜、冻梨、大鱼、豆饼等。抗日军将大部分战利品分给当地群众后，回三道沟子过了个丰盛的春节。

梨树园痛歼“讨伐”队

1936年春的一天，驻扎在梨树园屯（今，方正县德善乡梨树园村）的三军李福林留守处15人得到交通员情报：有日伪军300余人由伪警察为向导，来犯梨树园。正在他们考虑是战还是退举棋不定之际，军长赵尚志率战士7人前来视察。赵尚志决定利用熟悉的地理环境和良好的群众基础条件迎击敌人。赵尚志向群众做了交代后便带队南行。梨树园南有座大山，山下有两座石丘坟，其间是一深谷，为往来必经之路。赵尚志将23人分为两股埋伏在石丘之后，静观待敌。

敌至屯中，向群众询问“马胡子”情况，群众告诉他们，“有十一二个人，往那趟沟里去了”，把他们引进抗日军的伏击地。抗日军居高临下，猛烈射击，敌大溃。此战打死日伪军60余人，缴步枪100余支、机枪2挺。抗日军无伤亡。

三军草皮沟歼敌

1936年6月某日，赵尚志、张寿篯、李福林率三军司令部、六团、少年连、稽查处共270余人在转山子（今，方正县转山子林场）前王小脚地窝棚一带休整，得到交通员情报：日伪军千余人经得莫利来犯。司令部决定迎敌。赵尚志作出部署：从少年连中选出10余人组成尖刀班，配快马好枪，穿20里山路插到敌前，小做接触即退，将敌人引进草皮沟；稽查处经楚山亮子来草皮沟东面埋伏；其余去草皮沟西面埋伏。敌人进入伏击圈后两侧伏兵火力齐发，尖刀班亦转身迎头猛打，敌受重创。这时松花江上开来敌人炮艇，从背后袭击抗日军。赵尚志下令主动撤出战斗，到大猪圈沟休整。

组建东北抗日联军

1935年8月1日，中共驻共产国际代表团草拟了《为抗日救国告全体同胞书》（即《八一宣言》）。为贯彻落实《八一宣言》精神，1936年2月20日，中共驻共产国际代表团在杨靖宇、王德泰、赵尚志、李延禄、周保中、谢文东等以汤原县、海伦县游击队的名义发出了《东北抗日联军统一军队建制宣言》。

1936年2月至1936年11月，在中国共产党领导下的东北抗日部队统一改称为东北抗日联军。陆续编为抗联第一至第十军和独立师（1937年10月在富锦改编为第十一军）。其中东北抗日联军第三至第十一军共9个军在黑龙江地区坚持长期的抗日游击战争。其中有8个军部分部队先后在方正县地区活动战斗过。活动在松花江、牡丹江流域的方正、依兰、勃利、桦川地区的抗联部队主要有第三、第四、第五、第八、第九军。

周保中

蔡近葵

1936年8月1日，东北人民革命军第三军改编为东北抗日联军第三军。军长赵尚志。抗联第三军司令部下设：第一师，师长常有钧，政治部主任李熙山；第二师，师长关化新，政治部主任吴兴才；第三师，师长张连科，政治部主任吴景才；第四师，师长郝贵林，政治部主任金策；第五师，师长景永安，政治部主任蔡近葵；第六师，师长张光迪，政治部主任兰志渊；第七师，师长于海云，政治部主任张德。抗联三军成立不久，新建了第八、九师。1937年7月，又建立了第十师。第三军总兵力约6 000人，其中基干部队1 500人，其余为收编的部队。其战斗足迹遍及北满20个县，成为东北抗日武装中最为活跃的队伍之一。1936年秋，抗联第三军主力开始进行西征，同年末，赵尚志率部西征铁力县、海伦县、龙门（今五大连池市龙门农场），插入黑嫩平原开展游击战争。

1936年3月15日，东北抗日同盟军第四军在勃利正式改编为东北抗日联军第四军，李延禄任第四军军长。第四军辖3个师：

第一师，师长李延平；第二师，师长郑鲁言；第三师，师长李天柱。全军共2 000余人。改编后中共驻共产国际代表团调李延禄赴莫斯科汇报工作，由李延平代理第四军军长兼第一师师长。

1936年2月，东北反日联合军第五军改编为东北抗日联军第五军。第五军军长周保中，副军长柴世荣。第五军辖2个师。全军700余人，以后发展到3 000余人。

1936年9月18日，谢文东率领的依兰土龙山农民暴动武装东北民众救国军正式改编为东北抗日联军第八军。土龙山农民暴动武装东北民众救国军逐步失败后，在抗联三军等部队的帮助下，活动于依兰县、勃利县、方正县、延寿县、宾县等广大地区，收编了一些反日山林队，收缴了大量民间枪支，队伍由所剩30多人发展到300多人。后，进入大罗勒密山区，在无影山（今林口境内）、五道河子一带建立密营。至1937年9月，第八军由初建时的2个师4个团发展为7个师，此时，第八军总人数2 000余人，是该军鼎盛时期。其中1936年9月至10月间组建的第二师、第五师，活动在延寿、方正、依兰一带。

1937年1月，北满抗联总司令部正式将吉林自卫军第二支队改编为东北抗日联军第九军。第九军军长李华堂，参谋长李向阳，副官长于祯。军部辖3个师，全军共800余人。抗联第九军是由李华堂领导的抗日义勇军部队改编的抗联一支部队。李华堂，为李杜部下东北军二十四旅一个营长。“九一八”事变后，追随李杜参加抗日。吉林自卫军瓦解后，成立自卫军混成旅第二支队，李华堂任队长，活动于依兰、方正一带。

于祯

赵尚志草皮沟木炮轰货轮

1936年8月，抗联三军军长赵尚志得到从佳木斯送来的可靠情报，货轮“江亨”号载有日本关东军某部的大米、面粉、食糖等物资。将于8月17日通过方正县得莫利以东的草皮沟地带，赵尚志决定截船。因“江亨”货轮系大型船，在岸上即使以机枪也未必截得住，赵尚志决定再次使用木炮轰滨州之法，派人在双凤山选一颗一搂来粗的上好榆木，掏心挖空，外壳用铁丝缠紧，造好后运抵草皮沟江边10余米处，背靠大山，绑在一棵大树上，炮口对准大江航道处。装进30多斤炸药和一些碎铧铁块，接上导火线，用棉花和黄泥将炮口紧紧塞上，上面覆以树枝等伪装物。木炮安装完毕，赵尚志亲率少年连埋伏在附近，掌控火炮，另组织120人的敢死队埋伏在江边。

“江亨”号如期到来，11时许，进入火炮射程内，一声巨响，击中船头，大船失控，在江中打转，船尾几次触碰江岸。敢死队一声呐喊，冲出隐蔽处，在少年连机枪步枪火力掩护下向船上猛扑。船上日伪军开枪阻击。少年连在岸上用大喇叭喊话宣传“中国人不打中国人！我们只要物资给养，不想打死你们!”船上火力渐渐减弱。敢死队跃上船舷，与仍在反抗的40多个日本兵展开肉搏，将其全歼。伪军全部投降，赵尚志命令，将缴获的物资一部分运往一棵松与楚山亮子密营，一部分运往南六方和北六方（今通河县祥顺镇区域）分给群众。此外，还缴获枪30余支。

赵尚志一棵松歼敌

1936年9月，赵尚志率抗联三军某部在大罗勒密沟里大猪圈（今方正林业局万宝山林场以南）休整，某日得到方正县地下党范景海情报：日伪当局从通河县、依兰县调来部分日本侵略军，连同在方正日伪军600余人，拟于近日进山“讨伐”，以报货船被截之仇。赵尚志决定迎敌，迅速做好战斗部署。

日伪军从方正出发时，抗联三军的侦察员已在后尾随。日军到大罗勒密休息时，侦查员驰马急报军情。日伪军从大罗勒密向山里出发，不久就与十几个抗联战士交上了火，抗日军显出势单力孤，回马急退，日伪军紧追不舍，追了一个多小时，来到一险要之处，两边山崖高陡，中间峡谷狭窄，日伪军稍有犹豫，忽闻山歌之声，见峡谷两侧山坡上有十几个汉子赤臂砍柴，便不疑心，追进谷内。忽然枪声大作，敌人一片片倒下。尚存日伪军急忙还击，但地形不利，转瞬伤亡过半。三军战士高声喊杀，跃下山崖与敌人展开肉搏，残敌夺路逃窜。此战毙敌300多人，缴枪300余支。此役便是有名的一棵松山里诱敌歼灭战。担任诱敌任务的是少年连尖刀班，砍柴的樵夫也都是抗联三军战士。

常有钧部袭击“讨伐”队

1936年秋某日，三军一师常有钧部，袭击驻在方正城南尤家屯的日伪军“讨伐”200余人，毙敌70余人，缴枪70余支、子弹数千发。

小罗勒密遭遇战

1937年3月28日，抗联第五军军部第一教导队、第一师第一团和抗联第二军第五师、抗联第三军各一部，在方正县小罗勒密活动时与敌遭遇，战斗中毙敌11人。

开办军政训练班

抗联第九军一直活动在方正及依兰东部地区。为适应新的斗争形势的需要，针对第九军队伍人员复杂、战斗力较弱的情况，军政治部主任许亨植（李熙山）在方正县大罗勒密开办了3期军政训练班。抗联第九军100余名干部战士在这里学习，许亨植亲自给学员们授课，通过一段时间的政治、军事和文化培训，部队的军政素质有了明显的提高。

三军少年连智取方正县城

1937年7月某日，三军少年连等部队在军长赵尚志指挥下，在大罗勒密伏击了由宾县来的日伪军“讨伐”队。击毁汽车3辆，消灭很多敌人，生擒其翻译官。战斗刚结束，三军接到方正县地下党刘兴亚、范景海派人送来的情报：方正县城的警察和伪自卫团大部分到依兰“讨伐”去了，只留下90多人守城，而且装备差，戒备也不严，是个攻城的好机会。军长赵尚志即令少年连去完成这一任务，并面授密计。少年队立刻全部穿上缴获的日本侵略军的服装，连夜抄山路向方正疾行，队伍到离方正40多里路的小驼腰岭（位于得莫利村西东部）时，通过交通员老魏找人给方正日伪警察署送信谎称，宾县“日军讨伐队”在大罗勒密打败抗日军，要回方正休息。

赵尚志

第二天11时许，在离县城还有五六里远的时候，队伍前头打起了日本膏药旗，来到城东门前，队伍前边假扮的高个子“日本军官”——朝鲜族战士老裴叽里咕噜说了几句日语，与假扮的翻译官互相配合，骗过炮楼上的哨兵，顺利进城。威风凛凛地直奔东十字街口。伪警察和伪自卫团丁们都集中在那里，他们整齐地排成两行，除了伪警察挎刀外，其余都是徒手，因为欢迎日军是不准带武器的。街道两旁还聚集许多被强行赶来欢迎日军凯旋的群众。队伍刚走到伪警察和伪自卫团面前，“日本军官”便命令队伍停止前进，让群众通通走开，然后，突然日军把伪警察和伪自卫团包围起来，在十字街四角架起机枪。伪警察和伪自卫团丁稀里糊涂地当了俘虏。接着，大队长韩世德、一中队长孙秀带部分队员攻打伪县公署、伪警察署、伪自卫团部。由于这几处守敌大多都被押在十字街，剩下的几个很快就被缴械。其他中队又分头解决城门口、炮楼里的敌人。缴获的枪支弹药等军用物资装满五六辆大车。下午1时许，延寿伪军来援。少年连放火烧毁伪警察署和伪自卫团部，然后从容撤离。

肖家屯遭遇战

1937年8月间，三军五师师长景永安率骑兵部队北进，在大罗勒密北部地区肖家屯（今高楞林业局驻地）一带与日伪军七八十人遭遇，激战2小时后向南撤退，师长景永安右臂负伤。

柴世荣率部攻打三道通

1937年8月13日，在五军军长柴世荣指挥下，向驻守在三道通（今林口县三道通镇）的日本侵略军发起攻击。经半日激战，打死打伤日本侵略者400余名，缴获三八步枪4支、弹药500余发。

洼洪河会议

1937年2月下旬，活动于松花江中游南岸的抗联第三、第五、第六、第八、第九军及第四军分遣队，在方正县大罗勒密以东的洼洪河（今大罗勒密镇沙河子村六队）第九军行营举行联席会议（即洼洪会议）。会议对活动在依兰、方正、富锦、桦川、密山、勃利等县各军的征税问题进行了协调，成立了联军哈东办事处。这次会议对增强抗联各军的团结、消除各军之间的矛盾起到了积极作用。

洼洪会议还商定由活动在牡丹江下游方正、依兰、勃利、桦川等县的抗联第三、第四、第五、第八、第九军部队，于3月中旬联合围攻依兰县城，以粉碎敌人在依兰、方正、勃利、宝清等县实行的“归屯并户”、坚壁清野的政策。为统一这次战斗，设立了总指挥部，总指挥为李华堂，副总指挥为周保中。

吴景才血战老道庙

1938年10月，抗联三军政治部主任吴景才在蚂蜒河西岸为部队筹集给养。某日，被日伪军“讨伐”队围困在老道庙，吴景才果断指挥突围，双方进行激烈的枪战，吴景才腿部受重伤。几名战士拼死血战，将吴救出，转移到抗联三军设在双子山二和尚庙附近的秘密医院救治，赶到宝兴太平山东部十八里甸子（今德善乡丰收村跃进屯至富强村东方红屯的十八里大草甸子，如今都已开成了水田）处。吴景才因伤势过重而牺牲。

组建抗联第二路军

1937年9月29日，抗联五军军长周保中在牡丹江左岸四道河子密营召开中共吉东省委常委会议，根据中共驻共产国际代表团关于组建抗日联军路军的指示，决定继在东南满活动的抗联第一路军之后，组建东北抗日联军第二路军。1937年10月10日，东北抗日联军第五军发表公告，宣布东北抗日联军第二路军正式组成，周保中任抗联第二路军总指挥部总指挥。东北抗日联军第二路军“以第四、第五两军为中心，包括第二军二师、东北义勇军抗联吉东游击军部队，以及救世军部队为参加部队”。原抗联第五军军长周保中因担任抗联第二路军总指挥工作，所以抗联第五军军长由副军长柴世荣担任。以后，抗联第八军以及抗联第七军、第十军都参加了抗联第二路军建制序列。

抗联第二路军及总指挥部的成立，使活动在吉东地区的抗联部队有了统一领导，这对于深入贯彻抗日民族统一战线政策，团结各种抗日武装力量，共同开展对敌斗争，具有重要意义。

吉东省委常委工作会议结束后不久，日伪军纠集2 000余兵力，自牡丹江、林口、依兰、方正向四道河子抗联第五军根据地和密营发动大规模“围剿”。敌人在飞机的配合下，妄图一举摧毁抗联部队的后方根据地。为避敌锋芒、保存实力，周保中决定，新任第五军军长柴世荣率抗联第五军第一师在牡丹江沿岸相机开展游击活动。由他率部分队伍东进，到松花江下游地区，对活动在宝清、饶河等地的抗联第四、五、七军着手进行整顿，以适应新形势下对敌斗争的需要。

日伪军“讨伐”无影山密营

1937年10月，抗联第八军第一师第一团和新编第七师（由原伪军第二十九团即赫团改编）在五道河子哈唐沟与敌发生激战，击毙日军16人。不久敌人调动方正、依兰、延寿等县的大批日伪军对方正县无影山抗联八军密营进行“讨伐”，围困半月之久，由于敌人重兵“围剿”，加之天气渐凉，给养断绝，在艰苦的环境下，第七师即刚刚反正的赫团，在敌人的引诱下，又投入日伪营垒。

周保中袭击杉元木场

1939年1月底，抗联第二路军总指挥周保中率总部到达林口县老黑顶子附近的通达沟，与九军军长李华堂、救世军军长王荫武会面，商定由周保中指挥各部继续西进，突破日伪军的包围。周以熟悉地形的李部为前卫，以救世军为后卫，打击尾追之敌。他们绕过日伪军三道通防线，到达陈家亮子（今方正县大罗勒密镇青山村陈家亮子屯）。2月5日，李带侦察队去往一棵松山林守备队，木业采伐场杉元木场行动。6日达距木场十余里的徐家屯（位于大罗勒密南部山区，现已不复存在）宿营。了解到该木场有伪军320人、日本侵略军130人，分驻上、腰、下三个木棚，各棚相距15里，有电话、无线电联络。周保中决定袭击该敌之上棚。7日子夜1时，抗日军发起进攻，日伪军死伤惨重。救世军曲师长、九军1位科长及1名战士牺牲，李华堂腿部受轻伤。日伪援军至，抗日军带着缴获的140匹运输马匹撤往林口县四道河子庙岭岭顶，设伏西坡两侧，利用高山峻岭险要地势待机歼敌。2月11日，日伪军700余名跟踪而至，进入伏击圈，遭到猛烈袭击，先头部队死伤过半，后尾部队狼狈回窜，又遭到二线伏兵猛烈打击，死伤甚重，完全失去了战斗能力。抗日军大获全胜。

日伪实施“三江大讨伐”，抗联主力进行战略转移

1937年7月16日，日本关东军司令部作出《昭和十二年第二期治安肃正计划要领》，对三江地区抗联部队展开“特别大讨伐”。“讨伐军”以日军为主，加之伪军等，总兵力达到6万人。日伪当局为切断抗日联军与人民群众的联系，在游击区进一步推行“匪民分离”政策，实行“归大屯”，建“集团部落”，对村民则实行严格的保甲连坐法，群众的一举一动皆处于敌人的严密监视之下，使抗日斗争遇到极大的困难。特别是抗日部队粮食给养供给无保障，经济来源断绝，弹药难以购置，部队不断减员得不到补充，其活动受到很大限制。自1938年以后，东北抗日武装斗争逐渐进入极端困难时期。

为粉碎日伪当局企图“聚歼”抗日部队于三江地区的阴谋，1938年2月，中共吉东省委决定所属抗联第二路军主力由宝清、富锦等县向西南五常、舒兰一带方向远征。此次远征，历时7个月，付出了惨重代价，未能达到预期目的。远征中，抗联第四军主力损耗三分之二，抗联第五军主力损耗二分之一。

在反“讨伐”斗争中，抗联第八军由于领导人抗日意志衰退，导致内部思想极度混乱，在日伪军疯狂“大讨伐”面前，抗联第八军军长谢文东带队潜入深山密林之中。1939年3月9日，抗日意志早已动摇的谢文东在依兰土城子（今依兰县土城子乡土城子村）向日军投降。

1938年5月至6月间，中共北满临时省委在通河密营召开两次常委会议，对抗联第三军进行整编，将三军缩编为4个师。为冲破敌人的“大讨伐”，跳出包围圈，开辟新的游击区域，会议决定，北满临时省委所属抗联第三、六、九、十一军主力穿越小兴安岭，向西北部敌伪势力相对薄弱、抗联活动过，且有一定群众基础的西北海伦地区远征。这次远征从6月至12月，历时半年多时间，行程千余公里，粉碎了日伪当局妄图“聚歼”抗日部队于三江地区的阴谋。

在抗联第九军一部参加西征后，留在依兰的抗联第九军部队不断遭到日伪军的进攻。1939年2月8日，李华堂所部和抗联第二路军总指挥部警卫队联合进攻方正县杉元木场。战斗中，李华堂腿部中弹，而后率部分队伍去西凤沟（依兰县境内）养伤，其余人员由抗联第九军第二师政治部主任王克仁带领和抗联第二路军总指挥部一起活动。同年夏初，在敌人“讨伐”下，抗联九军后方密营大部分被破坏。值此部队为难之际，李华堂丧失民族气节，于7月20日在方正县小罗勒密（今大罗勒密镇大罗勒密村）屈膝投敌。

抗联第三路军的建立

1939年3月，北满省委执委二次全会后，东北抗日联军第三路军及指挥部在德都县朝阳山后方基地宣布正式成立，并发表了抗联第三路军成立宣言。张寿篯任第三路军总指挥，许亨植（李熙山）任参谋长。东北抗联第三路军下辖由抗联第三、第六、第九、第十一军改编的各支队、独立师，约1 000人。抗联第三路军总指挥部的正式建立，使抗联第三、六、九、十一军实现了领导统一、指挥统一、军事统一及纪律统一。此后，抗联第三路军总指挥部在中共北满省委的直接领导下，在黑嫩平原等地积极开展抗日游击战争，打击敌人。

第七节　开辟抗日根据地，建立抗联密营

方正县是抗日战争时期黑龙江省八大游击区之一，方正县的特殊地理位置，决定它成了重要的军事战略要地。地处哈尔滨、佳木斯中间地带，北靠松花江，东、南、西全是深山老林，是历来兵家必争之地。方正县是东北抗日联军大本营，是东北抗日联军发展和壮大的根据地。

抗联部队的密营地

1932年1月，中共满洲省委迁到哈尔滨后，相继建立了中共汤原中心县委、珠河中心县委。中共珠河中心县委领导珠河县（今尚志市）、延寿县、方正县党的组织和抗日救国斗争。1933年8月，中共珠河中心县委决定在方正县宝兴党小组基础上建立中共方正县党支部，开展党的抗日活动。1934年2月22日，中共中央给满洲省委发出指示信，明确提出了建立根据地、开辟游击区的问题。

1934年6月，东北反日游击队哈东支队成立后，分兵向东南、东北、西北三个方向逐步扩大游击活动范围。游击区扩大到珠河（今尚志市）、宾县、延寿县、方正县、依兰县、五常县、双城县、吉林榆树县、舒兰县等10余个县。1935年1月，东北人民革命军第三军第一师成立后，部队曾先后向东部尚志县苇河镇、海林县、方正县、勃利县发展，又将游击区推至牡丹江下游地区。

1934年10月，东北抗日游击队第三总队由韩光带领，将抗

日游击区扩大到方正县西部桶子沟一带。11月，赵尚志率领哈东支队在方正西部肖田地同日伪军800余人展开激战，歼敌130余人。12月，在宝兴南山里象鼻岭下和二吉利沟里横头山一带建立密营根据地。1935年3月，东北人民革命军第三军，到达方正县东部大罗勒密山区，与活动在这里的抗日部队李华堂、谢文东会面，成立东北抗日联合军指挥部。1935年6月，抗日同盟军第四军在李延禄率领下，由勃利县进入方正县境内，在东部山区大罗勒密陈家亮子一带建立密营，设临时军部、行营、被服厂和修械所等。1935年7月，珠河游击区遭到严重破坏后，东北人民革命军第三军主力部队再次东去方正、依兰、勃利一带开辟新的游击区。

1935年至1936年是方正地区抗日军对敌作战最多，重创敌人最活跃时期，先后在方正地区建立抗联密营达20余处。

陈家亮子密营

陈家亮子位于大罗勒密东南12公里处，小罗勒密河西岸，早年有一姓陈人家居住于此，沿河挡鱼亮子捕鱼，故得名陈家亮子。

1935年6月，抗日同盟军第四军在李延禄军长率领下，由宝清、勃利县进入方正县境内，在东部山区大罗勒密陈家亮子一带建立了军部（四军行营办公处）、密营、被服厂和修械所等。并在陈家亮子、五家子周围建立起抗日游击根据地。通过宣传和组织发动群众，组建了反日会、妇女会、儿童团等抗日群众组织。著名的四军小英雄何畏就是五家子儿童团团长。

李延禄

1938年抗日联军西征后，日军“扫荡”了陈家亮子，并在这里修筑了2处日伪军营。1939年春，抗日联军第二路军周保中部由三江地区西征路过此地，一举打掉了陈家亮子2座日伪军大营，毙敌数百人。

老洞窑临时军部

1935年夏，东北抗日同盟军第四军军长李延禄率军部警卫连70余人，由宝清来方正县东部大罗勒密山区开辟抗日游击区。在陈家亮子东南15公里处老洞窑山里建立临时军部。老洞窑地处依兰以西、林口以北、方正东南山区的三交口地带张广才岭北麓，这里山高林密，地形复杂。南北相对两座大山，后靠一主峰海拔300余米。

老洞窑主峰西北坡即为密营地，修有环山防御工事掩体700余延长米。

老洞窑临时军部后来迁移到抗日根据地陈家亮子。但该临时军部仍保留部分留守人员，在那里储存军需物资和供伤员养伤使用。

红石砬子密营

红石砬子密营位于陈家亮子西南13公里处，该处有一座很奇特的大石砬子山，山峰有陡峭的红石，故名为红石砬子。密营建在红石砬子西北1公里处半山腰，山势呈凹形地势。密营以木刻楞形式构建，半掩于地下。

1935年秋，抗日同盟军第四军在陈家亮子建立抗日根据地后，在此建起密营。该密营储存过四军军需物资，建有被服厂。“八女投江”中的安顺福曾在此工作过。

1938年9月，抗联第二路军总指挥周保中，率指挥部从富锦地区转移到方正县、依兰县交界处山区活动，军部曾设在红石砬子。

干饭锅密营

干饭锅密营位于陈家亮子西北约3公里处，是抗联四军继红石砬子密营之后建的又一座重要密营。坐落于大罗勒密河上游以西深山密林之中，四周群山环绕，林木丛生，地形复杂，哨卡工事环绕密营，敌人很难发现。该密营是抗日部队使用时间最长、作用最大、隐蔽性最好的一座密营。抗联四军在这里救治伤员，缝制冬夏军服。

1936年底，抗联四军向三江地区转移，任命郑万昌为抗联四军游击营营长职务，与抗联四军警卫连连长杜青山一同留守干饭锅密营。被服厂厂长由安顺福担任。1938年春，杜青山接到宝清县大叶子沟抗联四军军部紧急通知，要杜青山带领部分伤好的战士和部分被服厂的女战士速到宝清县大叶子沟集结，准备从三江地区开始战略大转移。杜青山、安顺福等几十名抗联战士离开了干饭锅密营，他们在东进途中，多次与敌人遭遇，杜青山在战斗中牺牲，安顺福等抵达牡丹江时与老五团合并，编为妇女团，演绎了一曲气壮山河的“八女投江”的壮丽悲歌。

1938年8月上旬，大罗勒密日伪军120余人在叛徒带领下秘密摸进了干饭锅密营，留守的战士王海和朴淑琴等7个人拼死抵抗，结果因弹尽有三名女战士被俘，王海等人牺牲。郑万昌由江北返回后悲痛万分，为营救三名女战士在大罗勒密南沟焦芳窝棚被敌人诱杀而壮烈牺牲。至此，方正地区最后一支抗联部队不复存在了。

干饭锅密营是抗联四军主力转移三江地区后留下的最后一个留守密营。

一棵松密营

一棵松密营位于大罗勒密西南30公里处，早年这里生长着一棵巨松，放山人（采挖人参的人）便把这个地区叫作“一棵松”。一棵松周边群山环绕，大罗勒密河常年从这里由南往北流淌。

1935年秋，抗日三军赵尚志得知四军李延禄在陈家亮子建立抗日根据地后，便委派三军一师常有钧师长、三军一师一团刘海涛团长率部来到“一棵松”选址，建三军“一棵松”临时军部及密营。并与四军李延禄取得联系，在军事上协同作战，打击日军。1936年，三军在这里建立了抗联军官训导处，分期抽调军事骨干来此培训。同年，建立了军械修造所，称为“抗联三军江南军械修造所”。该所有几处藏设备的山洞。1937年该军械修造所转移到三江地区。

洼洪河密营

洼洪河密营位于大罗勒密东15公里的松花江南岸，因有由南往北洼洪河流过而得名。1936年8月，李华堂在洼洪河沟里设九军密营。同时设被服厂，为部队制作冬装。

1937年2月下旬，活动于松花江中游南岸的抗联第三、第五、第六、第八、第九军及第四军分遣队，在洼洪河第九军行营（密营）举行联军联席会议（洼洪河会议），会议对活动在依兰、方正、富锦、桦川、密山、勃利县各军的征税问题进行了协调，成立了联军哈东办事处。这次会议对增强抗联各军的团结，消除各军之间的成见起到了积极作用。会议还决定联合攻打依兰。

万宝山密营

位于大罗勒密南10公里处。1935年至1938年，这一带是抗联三军、四军部分部队经常活动的地方，该山南部的棒槌园子、大猪圈均有三、四军临时军部。

李船客渡口——抗联三军联席会议会址

李船客位于大罗勒密红光村（前五家子）偏东北1.5公里处，是小罗勒密河下游一个渡口。李船客原名李中，曾以撑船摆渡人员过河而得绰号李船客。1935年8月下旬，抗联三、四、九军为贯彻落实《八一宣言》精神，在李船客召渡口开联席会议。会后袭击了洼洪河日伪军刚刚建立起来的军事据点，解除其武装，拔掉了阻隔方正、依兰我军行动的一颗钉子。这是东北抗联史上一个重要历史事件，已载入抗联军史。

方正地区其他抗联密营还有：青龙山密营、草皮沟密营、大东沟密营、小东沟密营、洋沟鼻子密营、五股河密营、老平坨密营、无影山密营、西片山密营、象鼻岭密营、楚山密营、横头山密营、得莫利沟密营等。

第八节 日军对方正县的残酷统治

日本侵略者为把东北变成其侵华的战略后方基地，不断强化对东北的殖民统治，在使用武力对抗日武装进行疯狂“讨伐”的同时，加紧了对人民群众反抗的镇压。

第一，日本侵略者不断强化法西斯统治。日本侵略者在伪满各级政权中普遍实行“次长”制。省级日本人当副省长，县级日本人参事官改为日本人当的副县长。这些日本人“次长”表面上是“副职”“副手”，但实际上掌握着各级大权、实权。不仅如此，在伪满各级政权中还增加大量日本人，进一步强化对伪满各级政权的控制，肆意推行统治民众的反动法令与措施，残害广大人民，镇压群众的反抗。

第二，不断向东北增兵和强化伪满军队。到1939年，日军在东北总兵力由1935年的约12万人，增至40万以上。1941年日本侵略者举行所谓“关东军特别大演习”时，日军增至76万。这些军队分别驻扎东北各地，镇压东北人民的抗日运动，“讨伐”抗日联军。

日本侵略者在不断增兵东北的同时，还不断强化伪满军队，实行“国兵制”，扩充伪军兵力。未能当上“国兵”的所谓“国兵漏”，则编成“勤劳奉仕队”，被强迫从事军事工程、筑路、开矿等各种沉重劳役。至1941年，日伪当局在东北的伪军总兵力达20万左右。这些伪军完全在日本军官控制之下，其首要任务是协助日本关东军“讨伐”东北抗日联军，镇压人民群众的反“满”抗日活动。

第三，不断强化伪警察机构。日伪当局不断充实各级警备机关，扩充伪警察、伪宪兵队伍，训练各类特务。人民群众的一举一动都被置于军、警、宪、特的监视之下，广大人民生活在水深火热的白色恐怖之中。日伪宪兵、警察在城乡肆意横行，经常以“战时有害分子”、“通匪”（日伪把支援抗联或与抗联有联系的群众称为“通匪”）、“经济犯”、“思想犯”、“国事犯”等罪名到处抓人。他们把抓来的人或关进监狱、“矫正辅导院”，或押往国境地带修筑军事要塞；也有被送进“七三一”部队（细菌工厂）做活体实验。

第四，广建“集团部落”，推行“保甲连坐”制。日伪当局为达到将东北抗联与广大群众相隔离，即所谓“匪民分离”、强化“治安肃正”的目的，在抗日游击区大肆建立“集团部落”。通过“归屯并户”，建“集团部落”，制造大片“无人区”以使抗联无生存条件。同时日伪当局还不断强化“保甲制”，发现一人支援抗联，全家及邻里都要受到牵连，或被关押或缴罚金。

第五，极力推行日本向东北移民政策，广建“开拓团”。据统计，到1943年底，黑龙江地区有日本“开拓团”451个。

日本侵略者在强化殖民统治的同时，在经济上极力推行“战时经济统治”政策，把一切金融机关、生产企业、森林水利、交通运输完全以“组合”“社会”的名义掌控在日本财团手中，一切工业原料都被日本财团资本家所把持控制。在农村任意夺取农民土地，以“粮谷出荷”名义掠夺各种农产品。

1932年4月，日本侵略者侵占方正县城后，方正沦为殖民地。5月5日，在日军的扶植下，方正县成立维持会，维持地方秩序。6月，伪县政府成立。县长景阳春、副县长渡边通（日本人）。伪县政府地址在县城东北隅（今老公安局所在地）。随后，又成立了日满协和会和警察署。8月，伪县税捐局成立，并开征捐税，地址在顺兴隆烧锅院内（今老县政府所在地）。9月，伪满政府实施《治安警察法》，10月，在县城东门、西门和北门分设三个警察队，日夜驻守城门，盘查行人。1933年12月，伪满政府公布《暂行保甲法》，实行保甲公约。成立“义务自卫团”强化法西斯统治。全县年底组成4个自卫团，分别在东西南北四个城门处，共计60人。1934年12月，伪满政府颁布《集团部落建设》文告，部署归屯并户，方正县在次年年初开始进行。1940年11月，伪满政府实行“粮谷出荷”制度，逼征出荷粮，供应日军侵略战争需要。1943年，伪县政府组织两期勤劳奉仕队劳工250人，供修建城西日军机场和城防工事。1944年，在伪县公署增设劳工动员股，专管勤劳奉仕和抓派劳工。

“归屯并户”，建“集团部落”

方正县于1935年8月开始归屯并户，对散居户房屋强行扒掉或烧毁，搬迁到指定区域建立部落。1936年，会发恒警察署长宋国恩，亲自带领警察拆民房迫使百姓归屯并户。1937年陈家骏任会发恒警察署长期间，强行把任大屯（今延寿县六团镇新合村）以东住户并往珠河村；会发恒以西住户并往刘家店村；河南屯、永胜屯、白家屯一带住户并往会发恒。放火烧掉了王凤山等会发恒一带一大批散户的房子，满家屯附近、焦家屯附近及许多小屯附近散户的房子全部被扒掉归到大屯子。县警务科吕达勇亲自参与制造了“火烧付白屯”事件。大罗勒密各沟里所有散户被一律强迫搬到陈家亮子和大罗勒密村里；瓜兰川（今天门乡新安村）

的吴家沟、温家沟等各沟里的散户被硬逼到瓜兰川屯里。南天门一带的刘碾道、大梨树沟、小梨树沟等山边子散户一律被归并到太平山和南天门等大屯子。由于强行归屯并户，建集团部落，方正县有无数家庭家破人亡，无家可归，民不聊生。

疯狂镇压屠杀抗日志士

王生

日本侵略者为巩固其在方正的反动统治，强化“治安肃正”（即服从日伪当局、镇压抗日群众、栽培亲日武装）的目的，对方正人民的抗日活动进行疯狂的镇压和屠杀。1938年8月，在伪警务科王天民的指挥下，将为抗联送粮、送衣物的抗日地下工作者翟志贵、田锡九、张宝臣、焦永志、王生、张焕等7人用马车拉到方正西门外八家子（今德善乡新城村“朝鲜屯”）冯大尖头房框子黄土坑边一个个用刺刀砍死。同年10月，又在王天民的指挥下，将抗日地下工作者杨升、苏立波、陈喜财、张文海等8人用汽车押送到方正南黑菜顶子，用刀砍、枪杀，然后推入枯井。方正县城北门就是杀人场，杀后把人头砍下来，挂在电线杆子上示众，这是常有的事。

修建军用飞机场

日本侵略者为实现长期侵占东北的目的，把方正建成军事战略重地，于1938年至1943年间，在方正境内修建了3处飞机场。

南天门陈家屯飞机场。该飞机场在原天门乡政府所在地北2公里，距县城西北25公里。机场占地面积520公顷。当时建有9个飞机库、9个燃料库，每个机库有三四节楼高。全为钢筋混凝土结构，壁厚平均1米。机场跑道宽7米，厚20厘米。1945年“八一五”光复后，被苏联红军炸毁。

会发恒西海屯飞机场。该飞机场距县城西北11公里，在会发恒东北4公里处。机场占地面积336公顷。1945年“八一五”光复后，被苏联红军炸毁。

方正城西飞机场。该机场位于城西大壕以西至德善乡丰裕村以东。机场占地面积432公顷，1945年“八一五”日本投降后，被苏联红军炸毁。

陈家屯飞机堡残骸

上述3个飞机场总占耕地面积1 288公顷。日本侵略者以军事要地为名，强行无偿占领土地。失去土地的农民，没有生活来源，造成流离失所，苦不堪言。

这3个飞机场，不仅有足够的飞机起飞和降落的跑道，还有可装40架飞机的机库，当地人叫飞机窝。3个飞机场共动用劳工近万人。

斑斑血泪话劳工

当时劳工的劳动生活非常悲惨，方正县城李振清老人回忆起斑斑血泪的劳工生活时说：1942年，我16岁，被派劳工去天门陈家屯修飞机场。去的劳工有通河县的、方正县的，共2 000多人。一个县的劳工为一个大队，大队下辖4个中队，一个中队辖4个小队。大、中、小队对长大部分是由培训出来的中国人担任。一个中队有一个日本小队长和一个日本兵监工，驻机场的日本兵有三四十人，主要是看管劳工，监督劳工。

当了劳工就等于进了人间地狱，吃的是猪狗食，干的是奴隶活，死了喂狼狗，活下来也是一身病。劳工每个人一顿只给一勺饭——二两多的高粱米拌黄豆，一碗菜汤。吃干粮，也只给二两多一个苞米面窝窝头，有时还掺橡子面。可干的活却相当重，一天要干10个小时的活，一伙7个人一天得打出8方水泥板（飞机跑道）。1方水泥板为16平方米。后来一天增加到10方。劳工们住的是地窝棚式的大棚，平底挖沟，沟上铺炕席。夏天潮湿，劳工们身上长疥，冬季席子底下上了白霜，夜晚躺下，身子底下冰凉，劳工们全都生腰腿痛疾病。就这样条件，每天早上还得出一小时操，跑步跟不上的常得挨监工的拳打脚踢。干活干得慢一点，监工又是一顿鞭子、棍子，打得劳工们在地上翻身乱滚。劳工们上场子干活没衣服穿的，日本人不给发衣服，劳工们来时穿的衣服还得留在收工穿。无奈干活时，将使用过的牛皮纸水泥袋子两头的线拆掉，从脚下套上来，到了腰部用草绳子一扎就干活。

劳工们吃不饱，又干重活，一个个渴了喝凉水，天长日久，差不多都拉肚子。轻病号挺着干活，重病号就被活活扔进狗圈喂狼狗。日本人的狼狗比劳工吃得好，整天吃生肉、米饭，一条条胖得溜圆，毛管锃亮。一旦扔进一个大活人，马上疯狂扑上去，像恶狼一样围住撕扯，一会儿就把人咬死吃掉。

残酷的折磨和迫害，激起劳工的不断反抗。

一个中队200多劳工住一个大棚，晚上躺下来谁也不许吱声。一天晚上，大罗勒密的几个劳工说了几句话，被查夜（夜间巡查）的伪军发现了，他狗仗人势大骂起来，这几个人急了，将他按在地上好顿揍。打了查夜的，劳工又解气又害怕。解气的是对为虎作伥的汉奸进行了报复；害怕的是，如果让日本人知道，这几个人没好结果。劳工们一面用大话将他喝住，一面找中队长讲情，此事才压了下来。

劳工们也想逃出去，可是机场四周是铁丝网、炮楼子，机场中央高架子上还有探照灯。劳工们是在日本兵和监工的刺刀、棍棒下卖命，可也有逃跑的。

一天晚上刚睡觉，一阵急促的口哨和吆喝声，将劳工们集中在狗圈旁。劳工们不知发生了什么事，一会儿，只见一名30来岁的劳工像捆猪那样被扔到大家面前。日本兵当众用藤条棍子将他一阵毒打。一个日本军官走到这名劳工跟前说："你的，逃跑的不行，死了死了的！"这是日本人杀鸡给猴看，镇压逃跑的劳工。只见几个日本兵上来将这名劳工抬起来扔进了狗圈里。这几个日本军官对劳工们恶狠狠地说："以后谁逃跑就这么办。"

有一次，我们到方正西的机场装石头，只见三丈（9米）高的旗杆上吊着一个人。我们看见几个日本兵一松绳子，就将那个人摔在地上，然后拽上去再摔，这样几次，那个人被活活摔死。一打听，才知道那个中国人是因走错路误入机场，被日军当成抗联奸细抓住摔死的。我当劳工两个半月，天冷了打不了水泥板，才将我放回了家。听说去鸡西、鹤岗修保密工程的劳工没一个回来的，工程完了，人也就秘密被杀害了。就是在方正这几个不保密的机场修完后，在每一个机场附近都掩埋着无数具劳工的尸骨。

屠杀抗日志士的刽子手——景阳春

伪满洲国第一任方正县县长是景阳春。他是双城人，大汉奸于琛澂的同乡。此人风流放荡。他来方正县时始终没带家属，独身住在日本人开的景兴楼旅馆（今方正中央大街邮政局道北）。景阳春是个屠杀抗日志士的刽子手。

1932年，他与日本指导官率守备队、警察大队、自卫团共

400余人，在徐士国屯（今德善乡境内）攻打抗日部队，屠杀了近百名义勇军将士。

1934年农历正月，景阳春率日伪军攻打套环山区（方正与延寿交界处的老道岭北部），打死抗日部队战士40余人，并将这些战士的头颅割下来，挂在方正县城东、西、南、北四大门处示众，还写了一本《环山剿匪记》，吹捧自己的“功劳”。

由于“讨伐”有功，后被升转为依兰县县长。因为依兰土龙山暴动，险些被日本人摔死。

谢文东是依兰县土龙山的大地主，“九一八”事变后组织了自卫团，自任团总。景阳春去土龙山收税，谢文东不交。景阳春向日本人作了报告，日军派饭冢大佐前去镇压。谢文东早有准备，景阳春一走，便做好了与日军交战的准备。当饭冢大佐率兵前来的时候，谢文东已在公路两旁布置好埋伏。日军中了埋伏，有60余人丧生，饭冢大佐也被击毙。谢文东将自卫团拉上山建立了抗日民众救国军，后来建为抗联第八军。

日本人为此非常恼怒，将景阳春和警务科宋科长抓去。他们把姓宋的科长装在麻袋里，活活摔死，然后扔到狗圈里喂狼狗了。日本人没有弄死景阳春，是于大头（于琛徵）在日本人面前说了情。要不然的话，其下场不一定比姓宋的好，此事之后，景阳春被调到辽宁锦西去了。

解放后，景阳春被锦西人民政府镇压。

日本移民“开拓团”

日俄战争结束，满洲铁路沿线的行政权由日俄管辖移交给日本以来，就开始实施向满洲输送开拓民计划。1936年4月1日，日伪设立“满洲拓殖株式会社”，1936年8月，日本军国主义开始把移民侵略定为“七大国策”之一。关东军在《满洲农业移民百万户移往计划案》中提出在20年时间（计划每5年为1

期，共4期）移民100万户500万人的移民目标。1937年至1941年为第一期，5年间向东北移民10万户。自1939年起，日本移民改称为“开拓民”，移民团改为“开拓团”，意思是要日本移民到中国大东北来“开拓”，实际上就是侵略。日本政府建立了完备的移民侵略机构，在日本政府大力宣传和欺骗下，使日本国内的国民一度掀起去中国东北美丽的满洲开拓热。日本侵略者通过伪满政府使用“强制手段”征用或低价“收买”，实际上就是侵略者对土地的掠夺，所谓“有偿征用”也是低价强行收买，与无偿霸占无异。对不愿出卖土地的中国农民，则动用武力驱赶或逮捕杀死。1939年以后，伪满开始出现“县内开拓民”，他们基本是丧失土地、被断绝生路的东北当地农民。至1941年春，日本政府已在东北夺取农民土地2 000余万公顷，交给日本开拓民所有，为日本国内耕地面积的3.7倍以上。从1942年起，日本帝国主义开始推行《百万户移民计划》的第二个五年计划，此间要移民22万人。到1944年，随着日本帝国主义在侵略战争中走向失败，其对粮食等物资的需要日益迫切，日本开拓民除担负向关东军和日本国内提供粮食义务外，还要向日本军队提供肉类、蔬菜、干草和各种农畜产品。可以说，随着日本侵华战争的连连失利，日本侵略者的移民政策在1943年就已经失败，而其第二个五年计划没等到期，亦随着日本帝国主义侵略的灭亡而彻底破产了。

日本侵略者侵占方正县后，自1939年至1943年，先后有5个开拓团来到方正，伊汉通（今得莫利镇吉兴村周边9个村屯）、大罗勒密（今大罗勒密镇以南、东南9个村屯）、李花屯（今宝兴乡永建村周边9个村屯）、胡家岗（今宝兴乡东风村3个屯）、梨树园（今德善乡梨树园村梨树园屯及周边3个屯）等地。他们是从日本国的九州、冲绳、鹿儿岛、琦玉、千叶长崎等地迁来的日本人。总人数3 000余人，占地7 000余垧。

伊汉通开拓团。伊汉通位于方正县城东部，北邻松花江，有伊汉通泊船码头。有资料记载：伊汉通开拓团属于第九集团移民团，来自日本鹿儿岛、冲绳。移入人数为671人，太平洋战争时期被征入伍人数为118人，死亡人数为138人，未回国人数为364人，回国人数为169人。伊汉通开拓团团长名叫安田宗幸，设总部（红部）于现在的吉兴村，下设有小付屯、大花鞋、小南岗、河南屯、四班、五班、二班、九班、七班等开拓点。伊汉通开拓团共经营土地6 000余亩。“八一五”光复后，开拓民走向了逃难历程。

大罗勒密开拓团。大罗勒密位于方正县东部，北邻松花江。开拓团总部（红部）建立在大罗勒密镇东南的兴隆村附近。下设有一号、二号、三号、四号、五号、三家子、马场等开拓点，每点居住20—30户不等，种植水稻约1 100余亩。1939年，开拓团总部向大罗勒密以南万宝山以北迁去8名开拓民，起名叫“长崎”开拓点。该点刚刚建立，即被山里的土匪全部杀死，男女老少死了30余口。该开拓团分两次进入，第一次移入时间为1937年，移民来自日本长崎、九州各县，移入人数为423人；第二次移入时间为1940年，来自日本鹿儿岛，人数为255人。1945年8月13日，开拓团总部在一场大火之后消失。

李花屯开拓团。李花屯就是宝兴乡南部的永建村。1939年春，方正县伪县公署开拓课，带领日本关东军数十人，武装护送20多户100余口人的开拓团来到永建村赵炮屯（今宝兴乡永建村育林屯），将居住在赵炮屯几辈的中国农民强行赶走，把这里变成开拓团的“移民村”。日本开拓团将赵炮屯变成“移民村”以后，为防止中国农民的骚扰和“马胡子”的攻击，将该屯四周挖了一道又深又宽的大沟，挖出的土堆垒在壕沟内侧，形成一堵很高的墙。在大墙的南北两面各留一道门供出入使用。当地中国农民把这个“移民村”叫“鬼子营”。后移送来的开拓团安置在永建村及以南的永安村、曙光村，这一带开拓团总部设在李花屯。

宝兴胡家岗长野开拓团。胡家岗位于宝兴东南9里处。该开拓团属于日本第13次集体移民。1942年，长野县开拓团40户开拓民来到宝兴胡家岗（今宝兴乡东风村），由伪县公署和部分日本人武装把胡家岗的农民北大排的好地强行购去20垧分给开拓民经营。胡家岗长野开拓团建屯时约190余人，其中强壮劳力在1943年左右被日军前线征兵征走70余人，剩下不足120人。

梨树园开拓团。该开拓团位于方正县东南19里处。建在过去一个叫陈家粉坊岗的地方，建有3个开拓点，每个开拓点不到30户。

“县内开拓民”的悲惨生活

1939年至1940年，日本政府向方正县移民来两个开拓团，掠夺了方正东部地区伊汉通、大罗勒密共计18 000余亩良田，两地的中国农民被驱赶出家园约3 000余人。他们被逼迫到方正县西部偏远山区珠河一带重新“开拓”新家园。日本人给被驱赶到这一区域的方正农民起名叫“县内开拓民”，给“县内开拓民”建立的开拓点叫“部落”。1940年至1943年，方正西部山区共建了7个部落。分别称为：一部落（今，会发镇新滨村）；二部落（今，会发镇珠河村永安东屯）；三部落（今，会发镇珠河村永安西屯）；四部落（今，会发镇联滨村六甲南屯）；五部落（今，会发镇联滨村北长谷屯）；六部落（今，天门乡新安村六合屯）；七部落（今，天门乡新安村靠山屯）。这些部落建成后，全部用土筏筑了高围墙，只留一个出入口为大门，大门由日本人把守，戒备森严，出入一律需要有路条。这个部落群成了方正县失去土地农民的集中营。

伪满时期，人民生活牛马不如，可部落里的“开拓民”比外边的人民生活更加悲惨。吃糠咽菜，生活极端穷苦，有的县内开拓民们几乎连糠都见不到，只靠野菜充饥。

珠河村永安东屯的二部落，后来被称为“挑灶沟”，即没有人烟、家破人亡的意思。在那种恶劣的生存条件下，1940年冬天的一场瘟疫，二部落200多口人，接二连三地死了108口。当时这种瘟疫，当地人叫“快当行”（后来叫克山病），人得上“快当行”就头晕、心绞痛、反复吐黄水，心力衰竭而死亡。据统计，1940年冬，一部落、二部落死于此病者达250余人，占这两个部落总人数的50%左右，全家死亡的有20多户，日死亡多达30余人，所有开拓民几乎家家都有人死亡。

挑灶沟之悲惨遭遇，完全是由日本帝国主义的侵略政策和殖民政策造成的。

第九节　“八一五”日军投降

日本开拓团的覆灭

1945年8月15日，日本侵略者在第二次世界大战中战败投降，消息传来，日本开拓团的开拓民如末日降临，绝望中灾难开始了。日本军队开始集体投降、撤走，开拓团被日本统治集团和军队所抛弃，无人经管，他们像热锅上的蚂蚁，东奔西跑，走投无路……在混乱、绝望中的开拓民自杀、自焚现象接连发生。一场由三江地区（佳木斯地区）到哈尔滨的千里山川、田野争相大逃难的悲剧发生了。当时在全东北日本侵略者十几年间已移入开拓团981个，北满三江地区分布最广。三江地区一部分开拓团南下奔向吉林，一部分约10 000人沿松花江北岸由汤原县、通河县、木兰县、呼兰县奔向哈尔滨，一部分约30 000人由佳木斯市、依兰县、方正县、宾县奔向哈尔滨。一部分约10 000人由鸡西、东京城、牡丹江沿铁路两侧奔向哈尔滨。当时哈东地区共约有5万多日本开拓民拖家带口纷纷奔向哈尔滨，希望去大连、葫芦岛返回日本。

因为那时方正县已被苏联红军管控，沿松花江南岸西去的日本开拓民被阻挡在了这里，方正县便成了开拓团撤退的集散地。在方正县伊汉通吉兴村建有开拓团本部（本部一词，日本语发音红部，人们就习惯叫“红部”）。1945年9月至11月期间，佳木斯、桦川、依兰一带的开拓民，聚集在了方正县以东的伊汉通红部和从这里通往方正县城公路两旁的破房子、破马圈里。逃难路上苦不堪言，死亡随时相伴。那年的东北，秋雨绵绵，道路泥泞不堪。这些由老弱病残和妇女组成的队伍，白天不敢走大路，害怕苏联红军的阻截，也不敢从百姓集中的村屯路过，害怕当地百姓报复，只能选择荒僻的山路和山林里艰难跋涉，每天只能走十来里路。晚上无处栖身，只能露宿荒野。出发时带的干粮，用不了几天就吃光了，饥不择食的开拓民只好到当地农民的地里去扒土豆，掰青苞米来充饥，勉强维持生存。许多实在走不动的老人就央求随行的日本兵打死自己，一些母亲只好把走不动的孩子丢在路边或勒死或推进河里，还有一些因疲劳不堪而陷入绝望的开拓民，围在炸弹旁集体自杀，一路上冻死、饿死、病死、淹死、自杀的开拓民约有15 000人。

到达方正的开拓民剩15 000余人，他们有的居住在伊汉通吉兴开拓团总部的驻地，有的住在通往方正公路两旁的旧民宅破牛马圈里，有的住在县城以东伪兴农合作社的破大房子里。东北的天气说冷就冷，进入11月份后的天气已寒风刺骨、滴水成冰，在这严寒的冬季，住在没有门窗挡风又不能取暖的屋子里，寒冷、饥饿、病痛折磨着这些日本侵华的开拓团移民们。为了取暖，他们只好把随身携带的能够御寒的衣物都穿在身上，实在抵御不住寒冷的人就身披草袋子，整天钻在草堆里保持一点体温。死亡每天都在发生，到了12月份，死亡人数天天增多，开始还能在野外挖坑埋掉，到了11月份以后，天寒地冻大雪封地，人死了只好被扔到储存冬白菜的菜窖里，后来死的人多了只能被扔在野外。自1945年9月下旬至1946年3月末，在饥饿、寒冷、疾病的折磨下，他们在死亡线上苦苦挣扎，在这呼天天不应，唤地地不灵的山穷水尽之时，等待他们的下场，只有全部死去。在这万分危急的时刻，方正县人民政府发扬国际人道主义精神，号召全县老百姓协助政府救助这些难民。

资料统计：苏联红军撤走后，这些开拓民中有5 000余人辗转回到日本，有5 000余人死亡在方正，剩下的5 000余人被善良的中国方正人民领养。

“鬼子营”自焚

方正县永建赵炮屯（伪满时归延寿县管辖，今方正县宝兴乡永建村育林屯）有个日本开拓团，中国人管它叫“鬼子营”，是当年李花屯（今永建村）开拓团总部所辖的一个“开拓点”。1945年8月15日，日本宣布无条件投降后，“鬼子营”中的开拓民听到这一“不幸”消息慌乱一团，不知如何是好，当他们到开拓团总部请求指示时，总部早已人去楼空，所有的日本人不知逃到哪里去了，求助无望的他们只好回到“鬼子营”。他们经过了一番由惊慌到求助、由求助到失望、由失望到绝望的心理变化后，最终，选择了一条最悲剧性、最惨烈、最极端的道路：决定集体自杀。一清早，他们全体出动，上山砍点火用的松树明子（松木腐烂后含松油最多的中心部分），把这些易燃的松树明子堆放在自己的房前屋后。然后，他们便杀猪宰羊，大摆筵席，大家把所有的好东西都拿出来，男人们大碗喝酒、大块吃肉，女人们穿上最好的衣服、浓妆艳抹、盛装打扮。大家围坐在一起唱歌跳舞，尽情狂欢，享受这“最后的晚宴”。酒酣夜深后，被酒精和绝望麻醉的人们，举起刀枪，向自己的同胞、朋友、妻子、儿女，也向着自己的身体、头颅毫不留情地射杀刀砍……最后，一把火烧起来，那把大火烧得很大，照亮了半边天；整整烧了一夜，整个“鬼子营”变成了一片废墟。

这是日本开拓民在方正县最为惨烈的自杀一幕。

中日友好园林

1946年3月，刚刚成立的方正县人民政府本着人道主义精神，组织大批民众将死亡在方正东部兴农合作社、炮台山、吉兴村周边地带的开拓团难民尸体收集起来，累计5 000余具。火化后将骨灰就地掩埋，地面形成一个土坟包。

1963年5月，经国务院总理周恩来亲自批示，由黑龙江省政府拨款1万元，在原址修建水泥结构，圆形、拱顶的公墓一座，墓前立了一块大理石石碑，上书：“方正地区日本人公墓”。1972年，伊汉通公社要在杨二玄沟修水库，经向黑龙江省政府请示批准，拨款5万元，将此墓移至原址东北炮台山以北的山脚处，将5 000余具开拓民遗骨埋葬于此，重修水泥结构，圆形、拱顶，直径为3.8米、高1.5米的公墓一座，墓前立有3.3米高的石碑，碑文仍为“方正地区日本人公墓”。

1984年，鸡西市麻山区530名日本开拓民尸骨迁来公墓东侧另建一墓，墓前立有3.3米高石碑，上书：“麻山地区日本人公墓”。1986年，海伦大框270名开拓团民尸骨迁来与鸡西麻山开拓民尸骨合葬一墓。

1994年，“方正地区日本人公墓”经县政府批准，更名为“中日友好园林”。园林内配套建设了陈列馆、中国养父母公墓、中日和平友好纪念物等设施。2000年7月11日，日本水稻专家藤原长作先生和有马富男先生的骨灰也安葬于中日友好园林。

第十节　方正县人民迎来新曙光

1945年8月6日和9日，美国先后在日本广岛和长崎投下原子弹，两地共死伤20多万人。8月8日，苏联政府对日宣战，8月9日，毛泽东发表《对日寇最后一战》声明。8月9日零时10分，在苏联远东红军总司令华西列夫斯基元帅指挥下的150万远东红军从黑龙江省西、东、北三个方向同时向日本关东军发起猛烈进攻。分别实施了兴安岭——沈阳进攻战役（后贝加尔方面军）、哈尔滨——吉林进攻战役（远东第一方面军）和松花江进攻战役（远东第二方面军）。苏联红军以摧枯拉朽之势打败了号称“皇军之花”的70万日本关东军，解除了20万伪军武装。侵华日军在苏联红军的打击下，在抗日军民全面反击下，迅速土崩瓦解。1945年8月15日，日本天皇裕仁以广播“终战诏书”形式宣布无条件投降。8月17日，伪满皇帝溥仪发布“退位诏书”。日伪统治彻底覆灭，伪满洲国垮台，抗日战争取得最后胜利。

1945年9月2日，在东京湾的美国“密苏里”号巡洋舰上，日本外相重光葵和日军参谋总长梅津美治郎分别代表日本天皇、日本政府和日本帝国大本营在投降书上签字。9月3日，被确定为中国抗日战争胜利纪念日。

在这场战争中，中国付出了巨大的代价。中国军民伤亡总数3 500万以上，直接经济损失为1 000亿美元，间接经济损失为5 000亿美元。

1945年8月15日，方正县最后一任日本人副县长在电台里听到日本裕仁天皇宣布无条件投降后，剖腹自杀。伪满方正县公署随之溃散，其后由伪官吏、地方乡绅等发起组织地方维持会，伪县长郭福翰为方正县维持会会长，伪街长杨青普，三华火磨经理郑兴周为副会长。维持会把伪警察组织起来成立方正县保安大队，维持地方治安。

祖国光复的消息传到方正县，整个县城沸腾了，人们掩饰不住内心的喜悦，大家奔走相告。全县人民纷纷聚会、游行，热烈庆祝祖国光复。鞭炮之声从早晨一直响到深夜，直到把县城里商家所有的鞭炮放光，整个县城彻夜不眠，方正县迎来新曙光。

苏军进驻方正县城，成立“方正县卫戍司令部”

1945年8月22日，苏联红军进驻方正县城。当时，从佳木斯开来一个日军师团，在方正等待苏军缴械。苏军是坐船从佳木斯来的，他们到伊汉通后给方正维持会打电话叫人带三匹马去接。苏军来一个少校、一个上尉、一个少尉。8月23日，日军集中在方正二小运动场排成两排，师团

武昌文在俄罗斯政府向反法西斯老战士授予勋章的大会上接受勋章

长向他们训话，叫他们把枪码在操场中，缴了武器。苏军用汽车把武器运走。日本宪兵队约有50人，他们集结在景兴楼（今邮政局道北）上不肯投降，日军师团长到景兴楼下令后，宪兵队才交了枪。8月24日，苏军一个排从伊汉通开来，并与同来的抗联干部傅国壁（武昌文）、祁连山成立了“方正县卫戍司令部”，临时负责方正地区的军事要务和治安。司令由苏军中校马约尔涅夫担任，副司令由傅国壁、祁连山担任。随傅国壁、祁连山来方正的还有姜立新。司令部设在计司国谷大楼（计司国谷是日本人包工头子的楼，在今农业银行道北）。

武昌文

姜立新

11月2日，苏军撤出方正，方正县地方治安由县自卫队全部接管。

成立中共方正县临时党支部

抗战胜利后，1945年8月20日，方正县抗联老人范景海（原县委宣传委员），死里逃生，在伪吉林省监狱获得释放，返回家乡方正第二天，立即寻找到地下党员杨春、张殿有、宋树奎、闫世文、刘惠恩、李旭东等，准备恢复党的组织，成立中共方正县临时党支部，并与驻县苏军主动联系请示工作。8月22日，在“方正县卫戍司令部”意外见到了与苏军同来的傅国壁（武昌文）、祁连山、姜立新抗联干部，这样就使苏军、抗联在方正找到了地下党。相见后共同作出如下决定：第一，组建方正县临时党支部。傅国壁任党支部书记，范景海、杨春任副书记。第二，组建共产党自己的武装。方正县当时有7个区，每个区组建一支不少于30人的武装中队。第三，在县内组织一支保安大队。第四，中共方正县临时党支部要做好准备，由方正苏联红军卫戍司令部负责，将方正县维持会组织的保安队全部缴械，由中共方正县临时支部接管。第五，接管后，维持地方治安。第六，方正县临时党支部要主动与上级党组织取得联系。

中共方正县临时党支部成立后，开始从事党的组织建设和宣传工作。

第十一节　革命英雄烈士人物

赵尚志

赵尚志是著名抗日将领，东北抗日联军创建人和领导人。毛主席曾赞扬说：“有名的义勇军领袖杨靖宇、赵尚志、李红光等，他们都是共产党员，他们的坚决抗日、艰苦奋斗的战绩是人所共知的。”

赵尚志

赵尚志，1908年生，辽宁省朝阳县人。早年投身学生爱国运动。1925年加入中国共产党，是东北地区最早的党员之一。同年冬入广州黄埔军校第四期学习。1926年回东北从事革命活动。曾两次被捕入狱，严守党的机密，坚贞不屈。“九一八”事变后，经组织营救后出狱，任中共满洲省委军委书记。1933年10月领导创建珠河反日游击队，任队长。1934年6月任东北反日游击队哈东支队司令，与李兆麟等创建了珠河县（今尚志市）、汤原县抗日游击根据地。1935年1月，任东北人民革命军第三军军长。1936年1月任北满抗日联军总司令部总司令。同年8月，任东北抗日联军第三军长。后任中共北满临时省委执委会主席、第二路军副总指挥。曾率部远征松嫩平原，作战百余次，挫败了日伪军的重兵“讨伐”。1940年夏，被错误地开除中共党籍，忍辱负重，率小分队坚持抗日斗争。他对周围的同志说：“我是共产党的人，死也要死在东北抗日战场上。”1942年2月12日，在袭击鹤岗梧桐河伪警察分所时，负伤被俘后，痛斥敌人，拒绝医治，壮烈牺牲，时年34岁。为了纪念他，1947年珠河县农工代表大会决定将该县改为“尚志县”，哈尔滨的一条街道命名为“尚志大街”，烈士出生地辽宁省朝阳县王伦沟乡喇嘛沟村，今改名为“辽宁省朝阳市尚志乡尚志村”。

李延禄

李延禄，生于1895年，吉林省延吉县人。16岁参加东北军任排长、连长。1931年初参加革命工作。同年7月1日加入中国共产党。1932年2月任中国国民军王德林部队参谋长。1933年初，成立东北抗日救国游击军时任军长。1936年初，改称东北抗日联军第四军时任军长。1936年春至1938年秋，在上海、南京从事党的统一战线工作。1939年1月在延安任东北工作委员会副主任。1941年末在中央党校学习。1945年出席党的七大代表会议，同年11月任合江省主席。1949年任松江省政府副主席。1954年8月任黑龙江省政府副主席、副省长兼任省政协副主席。1977年12月至1983年4月任黑龙江省第四届政协副主席。

李延禄

李秋岳

李秋岳，女，朝鲜平安道人，原名金锦珠，化名张一志。

1901年出生在朝鲜一个贫苦农民家庭里。早年在朝鲜国内就参加了革命活动。1924年来中国广州找到丈夫杨林，开始了她在中国的革命生涯。1925年秋，加入中国共产党。

1927年，“四一二”蒋介石叛变革命，党中央派他们夫妇去苏联学习。1930年回国后，被派到北满省委机关工作。1931年“九一八”事变后，去吉东特委工作。1931年冬，杨林任东满特委军委书记（1936年2月在红军东渡黄河中牺牲），李秋岳在满洲省委妇委工作。

李秋岳

1932年秋，李秋岳被组织安排到中共珠河中心县委工作，担任县委委员、妇女部长、铁北区委书记等职务。她在铁北一带，与当时著名抗日女英雄铁北区委书记赵一曼，共同发动群众，组织武装，同日寇作战，成为珠河一带威震敌胆的巾帼英豪。

1935年春，珠河中心县委派李秋岳到延寿、方正一带开展抗日活动，担任中共延方特支书记。成立“反日会”组织，发展党员，为抗联传递情报、筹措枪支弹药和给养。她走到哪里，哪里的抗日斗争烽火就被点燃，而且越烧越旺。

她足智多谋，曾设计把一批薄皮乌拉鞋巧妙地转送到抗日部队中。她事先和宣传委员刘兴亚假扮夫妻吵架，在夹信子南门制造混乱，才使携带乌拉鞋的人借机蒙混过岗哨盘查顺利出城。

1936年2月，党组织派她到通河建立反日组织。到通河后化名张一志，在通河地区积极组织反日会，发展党员，进行抗日宣传活动，配合三军打击日寇。她亲自起草了《反日章程》，还印发了《东北民众抗日联军临时政府宣言》《中国人对日军战斗的基本纲领》等传单。李秋岳的积极活动，使通河东部地区的抗日斗争蓬勃发展起来。1936年8月27日，李秋岳在赵国臣家做发动群众工作时，突然闯进一伙敌人，把李秋岳带走了。

在通河监狱中，李秋岳面对各种刑具和惨无人道的严刑拷打，始终坚贞不屈，大义凛然，她坚定地说："我们就是要打倒日本帝国主义，把日寇赶出去，解放全中国。"这些铿锵有力的话语至今还保留在历史的档案里。9月3日，恼羞成怒的敌人把李秋岳枪杀于通河县城西门外一片荒野上，年仅35岁。一代巾帼英雄把自己年轻而宝贵的生命献给了民族解放事业。

李升

李升是中共在东北的"红色交通站"，他利用赶马车跑邮差身份长期秘密为中共传送情报、接送党的干部，遭遇过很多危险，并多次被捕。他的老婆和两个孩子都被敌人杀害，他为革命作出了特殊贡献。

李升

李升，1867年出生在山东德州屠桥街一个贫苦农民家庭，当过水泥搬运工，29岁时闯关东，在黑龙江边金矿淘金出过苦力，1898年辗转来到方正县。赶上民国时期"放荒"（出售荒地），得四井地（井，放荒时为土地计量单位，一井16方，每方45垧），开始成家立业。1915年50岁时，被诱骗去俄国修铁路，后跑回东北，在黑河他用挣来的工钱栓一挂马车跑邮差，奔波于黑河、瑷珲、佳木斯、哈尔滨、德惠之间。日军入侵东北后，1932年秋的一天，李升赶邮车去佳木斯，途中被于琛澂的伪军截住，强行装运武器弹药，行车途中，借故修理马车，李升趁机打死押车伪军，迅速赶到松花江边，把满车武器弹药和死尸一起推入江中。李升不敢回方正，跑到一个集市把马车卖掉，后到汤原七号屯打工。再后来通过地下党员蔡平介绍，认识了中共满洲省委负责人冯仲云。1933年，经冯仲云介绍光荣地加入了中国共产党。随后党派他回方正以赶马车拉脚（跑运输）为掩护，做秘密交通员，接受冯仲云直接领导。

智夺伪军巨款。一次，方正警务科包李升马车去通河运饷款，他很快把消息传递给地下党组织和游击队。第二天一早，李升赶着马车去通河，太阳偏西才回来，车上放着一袋巨款，押车的两个警察喝得东倒西歪，车到方正泡时，被我地下党预先埋伏好的两个同志截住了，两个警察吓得又磕头又作揖。李升装作讲情："这两位警察都是好人，你们可不能害人呐！"这两个同志故意把眼珠子一瞪，假装生气地说："你这老头，少废话，快把马车给我。"说着夺过鞭子，打马而去。这件事发生后，由于叛徒告密，敌人对李升下了毒手。一天早饭后，特务和伪警察闯进他的家。当时李升的家就在顺兴隆烧锅西边住（老县政府的东北处），一看李升不在，就把他老板和两个孩子抓去，没过几天就都给杀害了。从此，李升离开方正县被党组织派到松花江下游的汤原一带跑交通。

巧送省委文件。1934年春，共青团满洲省委书记等叛变后，满洲省委要求选派一个老练的交通员，把一份重要文件送到汤原游击队去。李维民同志在道外太古八道街找到了李升，向他交代了任务。第二天，他乘船去汤原。李维民给他送来两铁桶糖果和两瓶"世一堂"虎骨酒。这糖是哈尔滨有名的糖果，用刷着亮油的铁桶装着，有一尺多高，圆形的，那里面藏着要送的重要文件。李升也打扮得像一个财主。上船后，在船上结识了一个年轻人，是汤原一家买卖的伙计。他把省吃俭用积攒下来的钱拿出来请小伙子吃饭，真像任意挥霍的财主。小伙子既感激又尊敬，便与他无话不说，他把自己的身世及他们柜上的一切情况都滔滔不绝地讲给李升听，李升默默地记住了。船行了三昼夜，经过巴彦、木兰、通河、方正、依兰，终于到汤原了。汤原码头不大，人却不少。汤原这地方是抗日斗争比较活跃的地方，也是日伪法西斯统治最残酷的地方，码头盘查很严。在李升刚要下船时，发现了一个熟悉的面孔在岸边正扫视着这些要下船的人，凭借多年地下工作经验，李升意识到可能是这边也出现了叛徒，知道躲不开了，便灵机一动借故让那个小伙计帮忙把装有秘密文件的两桶糖果和两瓶酒先带下船回到柜上，自己随后就到。李升最后下船时还是被伪警带到了派出所。经过反复的搜查盘问，没有找到什么确实证据，最后还是被那个柜上伙计把李升给领走了。李升机智地躲过一劫，顺利完成任务。

李升还担任护送领导干部的任务。杨靖宇、李兆麟、冯仲云、赵一曼、周保中等去外地视察工作，他以父子、父女、公媳等关系作为掩护，每次都很好地完成任务。

李升跑交通多次被捕，经受无数酷刑，仍坚贞不屈。后被叛徒告密，判十年徒刑。1945年光复后，李升出狱回到党组织怀抱。全国解放后，中国著名作曲家李劫夫专为李升写了一首歌曲《跑交通》，歌词是："披星戴月跑交通，爬冰卧雪为抗战，如今国家遭劫难，我把老年当少年。人人叫我李快腿，南满北满走个遍，少走一步难成功，革命好比爬大山，革命好比爬大山。"

1951年国庆节，抗联之父李升被选为东北抗日联军代表，进京参加国庆观礼，受到毛主席接见。毛主席得知李升事迹后，托人送给他一个手杖，并把"革命之父"四个字刻在手杖上。1962年1月12日，李升在哈尔滨逝世，享年95岁。

吴景才

吴景才，山东义县人，"九一八"事变前迁居吉林省，曾在饭店里当佣工、给地主耪过青（铲地）。1933年在黑龙江省珠河县西部山区常万屯沟里开小酒烧锅（今尚志市乌吉密乡三股流村长万屯）。

1933年10月，抗日民族英雄赵尚志在三股流一带创建抗日根据地，建立各种抗日组织，吴景才加入赵尚志抗日队伍，很快成为一支农民武装领导人。吴景才性情耿直，作风朴实，参加革命后思想觉悟提高很快。他领导的群众抗日武装，在保卫地方、协助游击队作战、筹集军需品、搜集日伪情报等作出很大贡献。同年，吴景才加入中国共产党。

吴景才

1934年7月，珠河县在三股流一带建立珠河反日农民委员会，吴景才当选为总会会长。

1935年春，日伪统治区发生粮荒。有一天，敌人乘游击队在外线作战之机，组织伪军二十三团一个连，并胁迫部分群众，共200多人，驾着300多张爬犁，袭入尚志铁路南部游击区抢粮。吴景才当机立断，号召群众迅速组织起来保卫家园，同时，他亲率一支百余人的农民武装疾驰土门岭伏击。傍晚，自以为得计的伪军押着满载粮食的爬犁络绎不绝地进入伏击圈。突然间，枪声大作，杀声四起，许多伪军当即毙命，幸存的抱头鼠窜。这一仗，不仅夺回全部粮食，而且还缴获大批武器弹药。吴景才土门岭设伏歼敌被传为佳话。

1935年，日伪军对珠河县抗日根据地进行残酷的秋季“讨伐”，面对敌人野蛮的“三光”政策，吴景才与县委其他领导人，不顾个人安危，坚持游击区的工作；并在这严酷的形势下，在三股流、半截河一带召开群众大会，成立珠河县人民革命政府，吴景才当选珠河县人民政府主席，群众称他为县长。他当即发布《中华民国珠河县革命政府布告》，号召人民，在革命政府的领导下积极参加抗日斗争。

1936年秋，吴景才被调到东北抗日联军第三军第三师任政治部主任，在珠河、延寿、方正一带开展抗日武装斗争。不久，他奉三军司令部之命，率二、三师北渡松花江，经汤原西征，一路上改编“天邦”“五龙”匪队残部，于11月间进入铁力东山里，会同其他友邻部队开展游击活动，开辟新的根据地。在有名的孙灵阁山（位于铁力市东部）之战中，三师与友邻部队200多人，与备有重机枪、迫击炮的日军500余人激战一天半，毙敌80多人，击毁重机枪1挺、炮1门，缴获轻机枪1挺、马30余匹，使东北抗联三军威名远扬。完成西征任务不久后，吴景才率部队返回方正一带。

1938年10月里的一天，吴景才在方正县蚂蜒河西部一带活动，负责为抗联三军筹集给养与服装，日伪军“讨伐队”进山“讨伐”，包围了他们所在的老道庙，吴景才与战士们血战突围，不幸身负重伤。战士们把他抬到蚂蜒河东山里抗联三军医疗所，进行抢救，终因伤势过重而牺牲在太平山以东的十八里甸子（今方正县德善乡丰收村跃进屯以东到奋斗村东方红村一带的大草甸子，现在大多已被开垦成稻田）。

范景海

范景海，曾用名花姜、郑子恩。1882年生于辽宁岫岩、凤城一带。小时候学过扎花手艺，粗通文墨。因家乡连年旱灾，又加之地主盘剥、日军侵扰，无法生活，便携家逃荒至黑龙江省珠河县（今尚志市）侯林乡大山里，以开荒种地为生。

范景海

1933年秋，抗日民族英雄赵尚志率领珠河反日游击队打到侯林乡，斗争反动地主召开群众大会。当时，由于群众对共产党和游击队缺乏了解，所以谁也不敢出头露面。范景海挺身而出，带领游击队员向群众进行抗日宣传，帮助游击队把群众组织起来与反动地主进行斗争。中共珠河县委即把范景海作为重点培养对象，继派工作队来这里开展工作。范景海进步很快，不久就参加了抗日救国会，成为铁北区积极活跃的抗日工作者。侯林乡也成了共产党领导“红地盘”（抗日根据地）的主要地区。

1937年7月的一天，范景海在侯林乡南河套一棵大柳树下，庄严宣誓，加入了中国共产党。他的入党介绍人是冯仲云同志（中共满洲省委秘书长，当时在珠河巡视工作）。不久，他担任了侯林乡党支部书记。嗣后，在李秋岳、赵一曼先后担任铁道北区委书记时候，他都任区委宣传部长。

为了斗争的需要，他化名“花姜”（谐音花匠，小时候学过花匠手艺）。后来，当珠河中心县委进一步把侯林乡根据地拓展到铁道北亮珠河（今尚志市亮珠镇）、黑龙宫（今尚志市黑龙宫镇）、秋皮屯（今尚志市黑龙宫镇得好村）等地时，范景海一直工作在最前线，他发动群众，建立各种抗日组织，他宣传的标语、传单常出现在铁路沿线各车站。他的足迹遍及珠河县铁路北广大地区，当时在珠河县“花姜”的名字远近闻名。

这期间，珠河县广大区域的抗日运动也发展到一个新阶段。以赵尚志为首的哈东支队迅速发展壮大起来，成为哈东地区一切反日队伍中最坚强和最有战斗力的队伍，抗日游击区已扩展到附近6个县。敌人对此更加惶恐。于是，继1935年春季“大讨伐”之后，紧接着进行了更为残酷、更加疯狂的夏季“大讨伐”。当时珠河县委给省委的报告中说，“敌人铁蹄所到之处，一片烟云火海”，铁道南游击区“几乎三分之二以上地区已成一片焦土”，路北游击区房屋“先后均被烧毁，沿山一带几乎没有人家，敌人驻上重兵把守。路北经过这次烧杀，除大亮珠河（今尚志市亮珠乡政府所在地）外，已组织起来的抗日游击区，有三分之二以上被敌人催毁”。很多抗日活动骨干分子和党团员被捕或被杀。很显然，斗争是异常尖锐的，环境是极其艰难的，抗日军民的处境是十分不利的。但范景海同志置个人安危于不顾，豪气满怀、坚忍不拔，与县委其他同志一道，顽强地坚持斗争。按照县委的安排，他把家迁移到三股流（今，尚志市三股流乡三股流村）一带。他家作为县委的秘密接头地点，也就成了敌人追寻的目标，不得不经常搬家。

当日军在珠河县一带大施淫威，妄图一举歼灭我抗日武装力量的时候，我抗联三军主力部队却已经在赵尚志率领下，采取灵活机动的战略战术，打出外线，转移到松花江中下游的延寿、方正、通河、汤原一带开辟新游击区。珠河中心县委为了保存革命力量、开辟新区，决定把一部分党团干部转移到方正县、延寿县、苇河（今尚志东南部的苇河镇）等地。同时，范景海同志于1936年夏天被派到方正县，担任县委宣传委员。他先后落脚在宋德井子（今德善乡德善村宋德屯）、李家菜园子（今松南乡政府所在地）、八家子（今德善乡新城村）、前谭先生井子（今德善乡莲花村莲花前屯）、丰裕井子（今德善乡丰裕村）等地，化名郑子恩，与县委其他同志一起积极开展工作，很快在全县成立了8个区委会、22个抗日救国会、妇女反日会，以及农民自卫队等抗日群众组织。并经常组织群众给活动在方正地区的抗联三军二师、一师做服装、送粮食、运弹药，动员大批青年参加抗联部队。他还经常去二师师部和位于金高丽沟（今会发镇刘店村高丽沟子屯）东的少年连驻地开会、送东西、看望战士们。

1938年秋，地下工作人员曲少维被大罗勒密深林警察倪景财告密。曲被捕后，在日本特务中岛、汉奸王国栋等人的严刑拷打下，供出了刘兴亚（方正县委书记）、范景海等十七八名抗日干部和群众。范景海被会发恒警察署逮捕，后押至伪方正县警务科。他备受酷刑，昏死十三四次，始终坚贞不屈。日伪当局将他押至牡丹江最高法院，又多次对他施以酷刑，他仍拒不招供。伪法院判他7年徒刑，押至伪吉林监狱。

1945年8月，在日本侵略者的法西斯统治即将崩溃之际，范景海与狱中难有越狱成功，回到方正县。这时，他已是63岁的老人了。他赶到谭家屯（今德善乡莲花村莲花前屯）家里时，9口人，病了3口，老老少少躺了一炕。家里人需要照顾，他自己也需要疗养一下备受摧残的身体。但他却置这一切于不顾，只在家里住了一夜，第二天就找到党组织，走村串户，在原来工作过的土地上展开工作了。为建立方正临时党支部、建立人民武装、保卫胜利果实、维持地方秩序作出了重要贡献。

1946年春，他步行200多里赶到宾县，把方正县党的组织、群众工作和农民武装等情况，详细地向东北局陈云书记作了汇报，陈云称赞说："郑同志（范景海在方正化名郑子恩）是个好同志。"不久，他组织起来的抗日武装也归编到我党的三五九旅部队，因为他年岁大了，就担任了县参议长（相当于现在的县人大主席）、县中苏友好协会会长的职务。

范景海同志从不居功自傲，"土改"以后，他积极努力带头生产劳动，支援解放战争。1948年和1949年两年，连续当选为县、省劳动模范。抗美援朝时，为了购买飞机大炮支援人民志愿军，他把自己好不容易积攒下来的100万元钱（东北币）捐献给国家。1950年，他光荣地当选为革命老区赴北京参加国庆观礼代表，见到了毛主席等党和国家领导人。

范景海老人一生很乐观，似乎没有苦恼的时候。他很善于唱歌，走到哪里就唱到哪里。艰苦斗争的岁月里他唱，胜利之后他更唱；年轻时他唱，年老时他也唱。无论他出现在哪里，身边总是围绕着一群人听他唱歌或讲故事。他是一个深得群众喜爱的革命宣传员。

1953年，范景海病逝于哈尔滨市，享年71岁，人们把他的遗体安葬在哈尔滨市革命烈士陵园。

王俭

王俭，1914年生于方正县二吉利村（今得莫利镇吉利村大房屯），读过私塾，粗通文墨，性情豪爽、刚烈，在村民中威望很高。

王俭

1936年秋末，东北抗日联军第三军第一师师长常有钧率部由江北（松花江以北）返回方正开展抗日斗争。当时，王俭为二吉利村伪自卫团总（日伪时期服务于日伪当局的民间团体）。常师长经常派人与他接触，向他宣传抗日救国道理，提高他的民族觉悟。王俭逐渐转向抗联方面。他常常借职权之便，为抗联筹集武器弹药及其他物资。当他奉命配合伪军“讨伐”抗联时，他尽力避而不战或临阵放空枪。他曾几次将日军“围剿”的情报及时传递给抗联一师，使一师迅速转移或设伏痛击敌人。

王俭频繁的抗日活动被日伪当局察觉，他们派一小队日军来捉拿王俭，他得到情报后，当即携一家7口率全团400余人起义，投奔抗联，并纵火焚烧了伪自卫团部。

在象鼻岭密营，王俭受到抗联部队的热烈欢迎，全家人都得到妥善安置，起义人员被改编为三军一师一团，王俭任团长。他进步很快，作战勇敢。1936年冬至1937年夏，他率部辗转于深山峡谷之中，主动寻找战机，消灭日伪军有生力量。

1936年冬，王俭主动请战，率部攻打伊汉通伪警察分所。是夜奇寒，王部80多人，分乘十几张爬犁，从一棵松密营出发，夜半时分抵伊汉通。王俭化装成伪警察，自称是查岗的，巧妙地缴下岗哨的枪械，然后率队直扑伪警察所，伪警察全部被俘虏，缴长枪20多支、短枪几支、子弹千余发。

1937年秋的一天，一师得到可靠情报，日军将一批兵源用汽车由佳木斯从陆路运往哈尔滨。王俭奉命率部80余人在尖山子北双桥一带阻击。是日8时许，敌军车6辆进入伏击圈，王俭枪响，发出战斗命令，战士们的子弹、手榴弹立即向敌人泼去，几辆军车瘫痪，日军纷乱跳下军车，四面散开，很快投入战斗。他们人多势众，武器优良，疯狂反扑。三团战士凭借熟悉地形、顽强的斗志，寸步不让，战斗持续到下午，双方互有伤亡。日军的一挺歪把子机枪对抗日军威胁很大，在其忽然停止射击时，王俭一跃而起，企图扑上去夺取或炸掉它，当他冲到离机枪只有十几米远时，机枪又响了。王俭倒下，再也没有起来，鲜血把青草染红一片。年仅24岁。

何畏

何畏，原名何永祥，1923年生于黑龙江省宾县新甸村（今宾县新甸镇新甸村）一户贫苦农家。刚满8岁时，随家迁居到方正县大罗勒密山区，以给地主放牛为生。

“九一八”事变后不久，日本侵略者的魔掌就伸到方正县东部的大罗勒密地区，侵略者的兽行在何永祥幼小心灵里深深埋下仇恨的种子。

何畏

1935年夏，李延禄率领东北抗日同盟军第四军军部来到大罗勒密一带开展抗日游击斗争，组织农民建立反日会等多种群众抗日武装。12岁的何永祥积极参加抗日活动，他当选为儿童团长。他和团员们一起，经常帮助抗日部队站岗放哨、送情报、盘查行人等，工作很出色。

1935年10月，李延禄率领同盟军过牡丹江去八面通执行战斗任务，自卫队员也多数随队出征。正值游击根据地兵力空虚之际，日军一个连的队伍，到大罗勒密搜查，其中一个班窜到小三家子屯。这些侵略者在屯子里骚扰一番之后，便带着抢来的小鸡集聚到一户地主家里，把步枪架在院子当中，生火做饭，他们忙着杀鸡烧水退鸡毛，只在门口放一个岗哨。当时，何永祥正在附近放牛，为了侦察敌情，假装在村中闲逛，弄清情况后，迅速向隐蔽在山里担任留守任务的抗日自卫队队员报告，并和大家一起制定了一个克敌制胜的行动方案。

片刻之后，何永祥又出现在屯中，怀抱一只大公鸡，故意从哨兵跟前走过，做出要把公鸡送到屯外去的样子。哨兵看见后着手要鸡，永祥装着害怕站着不动，哨兵气势汹汹地奔过来抢，永祥扭头就跑，哨兵穷追不舍，尾随永祥钻进一条小胡同，刚转过一个房山头，就被埋伏在那里的自卫队队员扑倒在地，他还没来得及叫一声，就被堵住了嘴，下了枪、捆了个结结实实。接着，何永祥就带着七八个队员冲进院子，一下子把架在院中的枪支全部抢到手。12个日本兵全部被生擒。从此，人们便称何永祥为抗日小英雄。

同年，在何永祥的强烈要求下，李延禄亲自批准他加入抗日同盟军第四军，并给他起了新的名字叫何畏，意思是鼓励他今后更加无所畏惧地和敌人战斗到底。分配他在军政治部当宣传员。他活泼、伶俐、记忆力好、能说会唱、积极肯干，每次都能很好地完成任务，经常受到领导的表扬和群众的称赞。

1936年3月下旬，何畏担任东北抗日联军第四军新任军长李延平警卫员，随四军转战在勃利县、宝清县、密山县、富锦县等地。

1937年8月，军长李延平在宝清县凉水泉子（今双鸭山市宝清县凉水乡凉水村，原名为凉水泉子屯）养伤。有一次，在何畏执行警戒任务时，忽然发现十几个伪军偷偷地摸上来，他沉着冷静地分析一下形势，要报告已经来不及，就当机立断，迅速选好地形，立即开枪阻击，打得伪军晕头转向，其他警卫战士闻声赶到，很快将敌人击溃，保护了首长的安全。

1938年春，日本关东军动用了4个师团以上的兵力，对我三江地区进行“扫荡”。抗日斗争处于极为艰难的时期。1938年5月27日，为了突破日伪军对三江地区（即黑龙江、松花江、乌苏里江流域的广大地区）抗日武装的封锁包围、开辟新的游击根据地、进行持久的抗日战争，抗联四军根据中共吉东省委的指示，从富锦炭窑沟出发，向五常县方向远征。何畏也随军出征。他和战友们一起，翻越巍峨的张广才岭主脉，穿越300多里没有人烟的高山丛林，食野果，宿露天，冲破日伪的重重围堵，打了大小数十仗，历尽艰辛。9月下旬，部队到达五常县冲河（今五常市冲河镇）地区，不料被几倍于己的日伪“讨伐队”包围，在激烈的战斗中，抗联四军主力被全部冲散，60余人被俘。何畏不幸受重伤被俘，后来，牺牲在敌人监狱中，年仅16岁。

解放后，他的英雄事迹和塑像在东北烈士纪念馆陈列。时任黑龙江省副省长的李延禄为小英雄何畏烈士题词：“何畏同志千古”！

冯占海

冯占海

冯占海，字寿山，生于辽宁省锦县。1917年投奔姨夫张作相，投身军旅任勤务兵。后入东北讲武堂深造。1931年“九一八”事变时为吉林边防军署卫队团团长，后为吉林警备司令兼一旅旅长，时年32岁。1932年，为举兵抗日，吉林爱国将领成立吉林抗日自卫军总司令部，公推李杜为总司令，冯占海为副总司令兼右路总指挥，邢占清为中路总指挥，赵毅为左路总指挥。当时在东北抗日自卫军能够和冯占海名气不相上下的一个是李杜，另一个就是马占山。当时流传着“马占山，冯占海，一马占山，二马占海，山海关前，排山倒海”的俗语。

1932年2月哈尔滨失守后，冯占海率部在方正县会发恒、桶子沟等地与日伪军展开争夺战，取得桶子沟大捷，歼敌数千人。5月上旬，在方正与日军多门师团一部浴血奋战多日后，因李杜援军被阻，联系中断，冯占海部撤离方正到依兰，又返回宾县、榆树、五常、巴彦。

1932年5月后，为便于统一指挥，冯占海决定自立番号，将所属部队改称吉林抗日义勇军，冯占海为司令，宫长海为副司令，李文光为参谋长。后来队伍发展到5万人。在义勇军的三角形镶边的军旗侧竖书：“吉林抗日义勇军司令”，中间绣一个“冯”字，别具一格，十分威武。9月，率部进驻热河。1933年后改编成任东北军第六十三军九十一师。1937年“七七”事变后在热河、湖南、河南等地抗日。1938年7月，九十一师划为汤恩伯的三十一集团军，在武汉会战中，官兵浴血厮杀，伤亡殆半，后痛惜部队减员，更因汤恩伯的飞扬跋扈、歧视旁系而心灰意冷，于是率亲信副官二人出走，潜入广西、香港等地，以经商为业脱离军旅。全国解放后，受周恩来总理之邀请返回吉林省任省体委主任。

第三章　建立人民民主新政权

第一节　成立民主大同盟

建立人民民主政府

1945年8月22日后，根据远东苏军总司令的指示，当时在苏抗联教导旅即八十八旅中国人员随苏军各方面军分别占领东北战略要点。从1945年9月开始，东北抗联指战员在周保中、李兆麟率领下，按原定部署分四批返回东北，到哈尔滨、齐齐哈尔、佳木斯、长春、沈阳、牡丹江、大连等地。

东北抗联抢占的57个战略要点中，黑龙江省占36个。其中，大战略要点7个，小战略要点29个。

哈尔滨市，由李兆麟负责。哈尔滨中心战略要点下辖5个小战略点：巴彦县、阿城县、珠河县、珠河县的苇河、木兰县。

齐齐哈尔市，由王明贵负责。齐齐哈尔中心战略要点下辖2个小战略点：嫩江县、讷河县。

佳木斯市，由彭施鲁负责。佳木斯是整个东北的战略后方。佳木斯中心战略要点下辖9个小战略点：勃利县、依兰县、富锦县、宝清县、汤原县、汤原县的鹤立镇、方正县、通河县、萝北县。

牡丹江市，由金光侠负责。牡丹江中心战略要点下辖4个小战略点：林口县、宁安县、穆棱县、海林县。

北安区，由王钧负责。北安中心战略要点下辖4个小战略点：克山县、德都县、通北（今属北安市）、拜泉县。

海伦区，由张光迪负责。海伦中心战略要点下辖2个小战略点：绥棱县、克东县。

绥化区，由陈雷负责。绥化中心战略要点下辖3个小战略点：铁力县、望奎县、明水县。

东北抗日联军在苏联红军的支持下，回到东北后，即抢先占领东北战略据点，进行了初步的卓有成效的建党、建军、建政的“三建”工作。

东北抗日联军改名为东北人民自卫军，总司令为周保中。1945年11月5日，以孙靖宇和戴鸿宾所率800余人的队伍为基础组成三江人民自治军，孙靖宇任司令员，戴鸿宾任副司令员。1945年11月21日，撤销三江行政专员公署，成立合江省政府，李延禄任主席，李范五任副主席。1945年12月18日，三江人民自治军改为合江人民自治军。

1946年1月，东北人民自治军改称东北民主联军。

1946年4月，成立松江省政府，冯仲云任主席。松江省下辖哈尔滨市及阿城、宾县、珠河（尚志）、苇河（属尚志县）、方正、延寿、呼兰、巴彦、木兰、东兴、通河、五常、拉林、肇东、肇源、肇州等17个县。

在建立政权方面，在齐齐哈尔、牡丹江、佳木斯等地建立了民主大同盟（党的外围组织）。

1945年9月，中共合江省委、合江民主大同盟派陈福贵等来方正县组建东北人民民主大同盟方正县委员会，并建立人民武装。13日抵达方正，18日在计司国谷楼（今华辰商超市以东）召开会议，传达中共合江省委指示：第一，缴械敌伪武装；第二，建立三级人民政权；第三，建立人民武装。会上正式成立方正县民主大同盟。陈福贵任委员长，杨春、范景海任副委员长。大同盟下设8个部：组织部长黄景林，宣传部长罗加贤，交通部长刘惠恩，青年部长昌金，武装部长陈福贵（兼），文教部长杨立岩，工运部长赵朋贵，经济部长郑兴周。各区大同盟组织也相继建立：会发恒区张殿有，南天门区宋树奎，大罗勒密区李绪东、王金栋，明阳区范景海，宝兴区任福德，伊汉通区姜立新、赵朋贵，安乐区刘惠恩，珠河区孙义。同时，各区自卫队也相继建立。宝兴区建3个中队，明阳区建2个中队，伊汉通建1个中队，临江区建1个中队，大罗勒密区建1个中队，德善守义建1个中队。每个中队有130—150人，共12个中队，1 360人，有步枪1 200支、重机枪6挺、轻机枪21挺、手枪32支。

方正县民主大同盟是共产党的外围组织，在当时的历史条件下，大同盟的建立对稳定方正县的政治局面、推动方正的革命发展进程起到了至关重要的作用。

成立方正县人民自卫队

中共方正县临时党支部成立后，方正县民主大同盟也相继成立。同时着手利用日本投降后留下的武器组建人民武装自卫队。

1945年10月20日，由苏联红军方正卫戍司令部主持召开会议，正式取缔地方维持会及维持会武装伪保安队，正式建立方正县人民自卫队。

在缴械维持会保安队过程中，保安队队长景志学和宋老八（谢文东匪部参谋，名叫宋喜镇）煽动保安队匪徒20余人，携大枪20支、手枪6支、轻重机枪各1挺，逃往宋德井子（今德善乡德善村宋德屯）宋老八家。在宋老八家，维持会会长郭福翰、保安队队长景志学、匪徒宋老八一起密谋夺取方正县城。城防卫戍司令部了解情况后，急调得莫利自卫队星夜出击，包围了宋老八家，用两挺机枪封住门口进行猛烈射击，整整打了大半宿，景志学、宋老八才肯投降，后来被一起镇压。

方正县人民自卫队下辖4个中队，1个守备队。后来又扩充到9个中队。大队长赵维卿（后投降国民党变成土匪），副大队长赵云鹏。第一中队队长季国军，第二中队队长郑鸣岐，第三中队队长那洪宾，第四中队队长赵玉生，第五中队队长吴英孚，第六中队队长罗万山，第七中队队长辛允廷，第八中队队长尚永山，第九中队队长张树林。

这些大、中队长政治背景十分复杂，赵维卿在抗日战争时期就叛变革命屠杀过抗联战士，混入自卫队后又暗中投靠国民党，接受国民党第九十六军四七二旅三团长的委任。尚永山过去是惯匪，恶习不改。吴英孚是伪满时期会发恒伪警察署长。9个中队后来有3个中队叛变，给革命造成严重损失。

大同盟组建的方正县人民自卫队消灭了以伪警察长景志学为头子的保安大队，维护了方正社会安定。

方通战事

1945年12月，在松花江中游两岸发生了两次有名的战斗。一次是方正县大同盟协助三江人民自治军攻打通河县保安大队高铭三投靠国民党叛军，另一次是通河高铭三勾结李华堂叛匪攻打方正县大同盟。这两次战斗后来被人们称为“方通战事”。

当时吉林省国民党党部书记长石坚派赵子遐、郭松涛等到方正发展国民党组织。赵到方正后发展党员40余人，赵子遐自任书记长。党部设在县城中央大街路北。于是在方正县展开了两个党派两个阶级的大搏斗。方正共产党组织以苏军城防司令部名义，及时查封了方正县国民党党部，国民党的活动被迫转入地下。

而方正县周边地区环境却处在反动势力包围之中。方正县的南部、北部、东部均为国民党建军分子势力所控制。

南部是掌握延寿大权的兰金甲，北部是控制通河的高铭三，东部是骚扰作乱的叛匪李华堂。兰金甲是延寿伪警察署长，光复后成为延寿保安大队长，投靠了国民党地下建军头子崔景胜，被崔封为四七二旅旅长。高铭三是通河县伪警察署长，光复后成为通河县保安大队长。他与叛匪李华堂相勾结后，投靠国民党，被任命为中央先遣军“忠义救国军”第一旅少将旅长。李华堂打起“忠义救国军”旗号，自封为司令，活动在方正东部大罗勒密一带。当时，李华堂、兰金甲、高铭三等匪帮气焰相当嚣张，要建立延寿、方正、通河、木兰、东兴（木兰）五县联盟，以形成反动势力的地区割据，妄图一举吞并方正这块革命根据地。

中共合江省委派卢连峰同志，以苏军副司令的身份到通河开展工作，在9月15日被高铭三公然逮捕。对此，省委派刘同志与其交涉，高又将其逮捕，并为李华堂匪徒杀害。当时与卢连峰一起被捕入狱的还有白风林、李景印等人。当天夜里李景印乘敌人不备逃出，搭乘汽车赶到哈尔滨，向中苏友好协会会长李兆麟报告此情况，李兆麟通过通河苏军卫戍司令部救出卢连峰等人。

1945年11月5日，三江地区行政专员公署在佳木斯成立，方正、通河归三江地区行政专员公署管辖。11月21日撤销三江地区专员公署，成立合江省政府。

为了解除通河高铭三反动武装势力对方正的威胁，傅国壁（即武昌文）同杨春、陈福贵、祁连山等同志商量，决定去三江（佳木斯）请求三江军分区部队支援。

三江军分区听取情况后，决定兵分两路攻取通河高铭三部。一路由200名骑兵组成的骑兵部队，由副司令员戴鸿宾率领，从依兰出发，由江北向通河进发；另一路为步兵，由三江自治军400余人和方正自卫队傅国壁率200余人组成，由司令员孙靖宇率领，从方正奔赴江北通河。

12月11日，孙靖宇率领的合江自治军抵达方正，当晚召开军事会议，进行战斗部署。会后，混入方正县大同盟并任自卫队大队长的叛徒赵维卿密令其同党从中破坏，拖延进军时间。同时，派其同党友爱村（今松南乡建国村）维持会会长王毅忱急奔通河通风报信，使高铭三得以从容排兵布阵。高先集中兵力在通河三站伏击戴鸿宾之骑兵部队，然后返回通河县城抗击南路攻城步兵。

南路步兵于12日晚抵达南天门区黑河口，因天黑道路不熟，找了两个向导，带领先头部队的是赵维卿的副大队长，故意让向导把部队引向通河西面很远的浓河镇，浪费半宿时间，天亮才赶到通河。

通河县护城墙高而厚，四周架设电网，城墙和城壕沟都事先泼了水结了厚冰，敌人早有准备，攻城难度可想而知。我军战士虽发动几次进攻，均为敌人打退。当晚，孙靖宇、傅国壁二位司令决定集中火力从西门突入，然而，高铭三命匪徒用棉花沾汽油往城下扔，把黑夜照得如同白昼，我军完全暴露给敌人。战士们浴血奋战，付出很大牺牲后，不得不撤出战斗。这次战斗，自卫军营长吴云浦和17名战士牺牲，30多名官兵负伤。

战斗后，高铭三对协助三江（即佳木斯）自卫军的方正县大同盟恨之入骨，为了报仇，他决定勾结李华堂叛匪攻打方正大同盟。

12月24日，已被委任为国民党中央军第二十七军第八〇五师师长李华堂率其本部与通河高铭三县保安队及活动在通河境内的土匪于平心队攻打方正县城。李部500人从乌鸦泡过江南，高部、于部从墙缝（松南乡以北松花江边的码头）过江，在方正县北堡友爱村（今松南乡建国村）集结，指挥部设在伪村长王毅忱家里。当晚，"联军"绑架了大同盟友爱村支部长蒋喜忠，枪杀了副支部长孙延君。

25日凌晨，高铭三、李华堂“联军”向方正县城进兵。李匪魏连山部打东门，通河保安队打北门，李华堂本部打西门。王海宴带友爱村自卫队40余人做“联军”先遣队。

王海宴早与其在方正县大同盟任职的二哥王兴臣约定好，将通河保安队从北门放入，通河保安队进城后，直扑大同盟指挥部顺兴隆烧锅（今邮政局道北以东），王海宴则率匪徒扑向西大桥，准备接应打西大门的匪队。魏连山匪部抵方正东门，四中队队副于海轩拱手相迎，魏匪没放一枪就占领了方正街东部。西门李华堂部硬打而入，占据西大庙（今县幼儿园，即老一小），遭大同盟二中队顽强抵抗，激战2小时，李匪伤亡惨重，被迫撤走。通河保安队将顺兴隆包围，妄图一举攻入。大同盟战士在傅国壁、陈福贵等同志指挥下，依托炮台进行顽强阻击。天亮后，冲出顺兴隆，在北二街发起反攻，一直打到西大庙，俘虏李华堂部营以下100余人，缴获其全部枪支。上午9时许，驻伊汉通三中队从南门进城，与魏连山匪部遭遇，将魏部打出方正县城。我二、三中队分两路回击从北门而入的敌军，从十字街向东反攻，经一个多小时激战，通河保安队溃不成军，向李家屯（今松南乡红星村，即松南乡政府驻地）方向狼狈逃窜。王海宴部到西大桥被我军阻截，在逃进北门里柳家油坊后被缴械。

在高铭三、李华堂“联军”攻打方正县城时，隐藏在大同盟内部的国民党建军分子，当时窃据保安大队长职务的赵维卿，迫不及待地把方正县保安大队的牌子摘下来，挂上“国民党中央九十六军挺进总队”的牌子，由于“联军”失利，挂不到2个小时又摘了下去。

李华堂、高铭三匪部这次洗劫方正，方正自卫队牺牲9人，掳走方正县城防卫戍副司令祁连山等（后被释放），胁迫我大同盟战士为匪70余人。

这次战斗后，大同盟一、二中队士气低落，四中队瓦解，一中队队长誓死追随赵维卿。赵维卿为加强自己势力，将他的嫡系力量五中队从会恒发调进城来。此时方正大有“黑云压城城欲摧”之势，鉴于这种严峻形势，方正临时党支部和大同盟作出果断决定：巩固二、三中队，防止一、五中队叛变，派傅国壁同志到东北局汇报情况，请求大部队迅速解放方正县。

傅国壁同志一走，方正县城内反动势力尘嚣甚上，赵维卿暗中组成了国民党九十六军挺进队，并派人与通河叛匪高铭三签订《通方两县友好誓约书》。《誓约书》的内容大体是解散大同盟，方正加入五县联盟，逮捕傅国壁等5位共产党员。“方通战事”以此而告终。

“三五九旅”进驻方正县城

1946年1月24日，八路军三五九旅进驻方正县城。

此前，方正县大同盟派傅国壁、陈福贵去宾县向东北局汇报工作。根据方正县的现实情况，东北局领导认为有必要派驻军队，于是让傅国壁去五常县与三五九旅联系，让陈福贵回方正做好迎接部队的准备工作。

1月中旬，三五九旅经尚志、延寿开向方正。一路上，受到国民党和土匪武装多次袭击，部队有些伤亡。解放延寿时，旅长的警卫员作战牺牲。方正自卫队派二中队到李家店（今延寿县六团乡永兴村李家店屯）迎接部队。于是，该旅在旅长刘转连率领下和平进入方正县城，在商号“天生福”（今老药材公司处）设立司令部。然后兵分三处：三团驻中和镇（今延寿县中和镇），七团驻南天门（今方正县天门乡镇府所在地）、会发恒（今方正县会发镇政府所在地），四、五团驻方正街（即方正县城）。

春节后，三五九旅旅部移驻合江，七一八团（老五团）留守方正县城。

三五九旅进驻县城第二天，接到东北局电报：鉴于方正县自卫队组织严重不纯的情况，东北局要求三五九旅将其缴械。三五九旅领导与傅国壁共同制定并实施了缴械方案。让自卫队员集合，把枪支架在院子里，听取公安局长曹廷勋讲话，警卫员即把枪支收起来。与此同时，让自卫队干部到预先布置好的会议室开会，他们一进屋，短枪即被一一缴下。

组建人民武装

1946年1月，县自卫队被缴械后重新组建了独立营和县大队（县公安大队）。独立营是在将县自卫队缴械之后，经严格审查，将其表现好的重新组织起来，又从群众中选拔了部分青年与之合并组建的。开始建有2个连，500余人。独立营营长傅国壁。独立营是共产党在方正县真正掌握的第一支武装力量。是年5月，傅国壁率独立营调往哈尔滨编入主力部队民主联军。

1946年2月，中共方正县民运工作委员会和县政府为了保卫新政权，组建警卫连。此时国民党大肆组织地下建军又加上土匪不断破坏侵扰，政治形势日趋紧张，遂决定将警卫连扩建为方正县大队，大队长周世林、杨平山、刘惠恩、陈福贵。至5月，县大队完成500人的扩编任务。同时，各区中队、各村分队亦相继成立。独立营、县大队配合八路军三五九旅七一八团开始了方正县境内剿匪斗争。1947年，境内土匪基本被肃清，解放战争全面展开，县大队补充加入民主联军主力部队。

方正县人民民主政府成立

1946年1月，中共北满分局派郑民等同志随我军三五九旅进驻方正。2月25日，中共北满分局又派来106名工作队员（老区干部），由队长陈伯村、副队长韩莘哉率领到方正县开展工作。工作队在方正临时党支部和三五九旅部队配合下，立即着手建党建政。2月28日在组成方正县人民民主政府的同时，建立中共方正县委员会。由于当时形势动荡不稳，党的组织尚未公开，方正县委对外称“方正县民运工作委员会”。韩莘哉任政委，郑民任副政委，程志清任方正县县长。原方正县临时党支部随之被撤销。方正县民运工作委员会归哈东地委领导。1946年4月，划归松江省委领导。根据中共中央“关于建立巩固的东北根据地的指示”精神，依靠工作队深入到全县城乡，宣传群众，组织群众，开展锄奸反霸、围剿土匪、减租减息、土地改革、建立政权等工作。5月份，在7个区陆续建立区政府，同时组成区党委。到12月份，随着政局的稳定和形势的发展，中共方正县委员会对外公开。方正县民运工作委员会名称被撤销。县委机关设在方正县城（今华辰超市以东的公安局家属楼区域）。

第二节　剿灭匪患

抗日战争胜利后，蒋介石为实现其建立独裁统治、独霸东北之目的，自1945年8月始，不断派遣“接收大员”，进入东北各地，并网罗伪警宪特和土匪武装，封官加爵，为其接收作准备。10月16日，蒋介石任命杜聿明为东北保安司令长官，命其督率所部近20万人乘美国军舰海运或飞机空运北上，与共产党抢夺东北。东北地区形势十分严峻。于是，先遣军、挺进军、忠义救国军、光复军等名目繁多的“中央胡子”相继出笼。党中央鉴于东北严峻形势，及时作出“让开大路，占据两厢，建立巩固的东北根据地”的战略决策，采取“向北发展，向南防御”的战略方针。党中央命11万大军和2万名关内干部化整为零，分批进入东北，实施剿灭土匪、土地改革、扩军建政工作，使创建东北根据地的斗争有了可靠的武装力量保证和干部基础。

解放战争初期，方正县境内土匪猖獗。人数达到4 000余人，占全县总人口5%，全县五分之四的地方为土匪所盘踞。光复伊始，叛匪李华堂就打起“忠义救国军”旗号，网罗匪徒400余人，活动在方正县东部得莫利、大罗勒密一带，后发展到千余人。张雨新、谢文东两股匪帮近2 000余人，出没在史皮铺（今德善乡双凤村史皮铺屯）、梨树园（今德善乡梨树园村）和大、小罗勒密一带。惯匪尚永山集结150余人，活动在方正西部山区珠河、新安一带。万海、郭德匪队100余人，在方正南部山区长龙岗、赵炮屯（今宝兴乡永建村育林屯）一带打家劫舍。从方正县自卫大队叛出的赵维卿伙同李桂春、王春山纠集300余人，号称“赵大队”，在延寿、方正交界的李花屯、慈仙沟一带为匪。此外还有“三江”“四海”“五湖”“九州”“双山”“双全”“平东”“平西”“好胜”“魁胜”等大小绺子（土匪组织），多则几十人少则几个人，在境内流窜为虐，祸害百姓。

1946年初，李华堂、张雨新（张黑子）、谢文东、孙荣九窜到大罗勒密，召开了“四巨头”会议。匪首们决议：以小江子（牡丹江）为界，西至依兰，东至抚远，归谢文东管辖；小江子以西的方正、珠河（尚志）、延寿和松花江以北的巴彦、木兰、通河是李华堂的地盘；南部的刁翎（属林口县）、林口直至牡丹江一带为张雨新地盘；东南一侧的勃利、宝清、虎林、饶河一带是孙荣九的天下。

像“四巨头”这样的土匪都是政治土匪，他们的政治目的很明确，就是独霸一方，称王称霸。国民党反动派因此看好了他们，想利用他们夺取人民群众经过浴血奋战换来的胜利成果，对他们一个个封官许愿，好为自己卖命。这些政治土匪不但欺压百姓，而更主要是反对共产党，反对共产党建立起的人民政府，屠杀共产党干部。方正县公安局副局长、共产党员李日新同志就是被“四巨头”之一张雨新杀害的。

一度被三江人民自治军收编而后又叛变，接受国民党收编加以委任的国民党“第十五集团军”上将总司令谢文东、“第一集团军”上将总司令李华堂、“东北挺进军”中将总指挥张雨新（张黑子）、“第十五集团军第二军”中将军长孙荣九等匪徒人数有近20 000人，疯狂进行反共反人民的罪恶活动。

匪患不除，政权不稳；匪患不除，民无宁日。在上级党委的领导下，由八路军和我党领导的地方武装，从1946年1月开始，在方正县及邻近县份展开了一场为期一年的大规模剿匪斗争。

投敌叛变事件

方正县地方政权初建引起了那些政治土匪的恐惧和仇恨，他们千方百计地妄图颠覆和消灭新生政权。国民党反动派不但叫嚣派员接受东北，搞地下建军，还大量派遣特务暗中破坏新生政权。1946年6月至7月，方正县连续发生了3起区武装中队叛变事件。

1.南天门区武装中队叛变

1946年6月9日晚，南天门区中队在队长李云林率领下叛变。早在1945年时，李云林就曾与延寿国民党武装头目王洪胜有过密切联系。他回到南天门后，积极同郝运兴（郝老五，国民党极端分子）、朱长兴等勾结。郝运兴是李云林的舅父，区中队的人有很多是他安插的。李云林后来混进方正县干训班，结束后被分配到南天门区任区中队队长，这给他策动叛变提供了有利条件。李便开始培植党羽，为谋划叛变作准备。在郝运兴的煽动下，于当晚11时在区中队宣布开始叛变行动。

当时，吴化堂是区委书记王玉明派到中队观察情况的。李云林当即命令其党羽王传增、张耀武将反对叛变的吴绑了起来，让阎广治看守。然后，把区民政助理员王平智、徐德英找来，抢去了王平智的枪，逼徐德英打开金库，劫走库内1 000余元军费。然后打开狱门（临时看押犯人的房屋），放出在押的政治犯，并把王、徐二人关在狱中。接着，他们就按原先计划，由李云林率5名叛匪扑向区委会。

区委会地址在南天门村西头正街路北。这是一座三间正房，中间开门，腰间是堂屋。东屋是区委会的办公室，南部摆几张桌子、几把椅子。北部有铺炕，是妇联主任刘中文的住处。西屋南炕住着区委会干部姜春海与通讯员李宝贵，北炕则是南天门区委书记王玉明同志的住处。晚11时半，叛匪按事先计划，王崇跳过板杖子打开大门，姜春海打开区委会里屋西门，李云林率叛匪顺利窜进屋来，王桥、王传增、王崇、高凤鸣、梁万春站在堂屋里。李云林、张耀武闯进西屋，李云林将大枪往炕上一放，说："王书记，西边狗咬，有情况，小心点。"王玉明同志立即从枕头下摸出一支用红布包着的手枪，刚要下地，李云林上去就抢枪。王玉明立即醒悟了，奋力与叛匪夺枪，二人厮打在一起。李云林见势不妙，喊了一声，"怎么还不动手！"叛匪王崇应声蹿到近处开了第一枪，子弹从王玉明同志的右腹部打入，从胯部炸出个三角形伤口，王书记当即倒在血泊之中。

第一声枪响之后，东屋发出"通"的一声，叛匪向东屋开了一枪。然后，叛匪们劫取了屋内所有的枪支和可带走的衣物仓皇窜出区委会。李云林将王玉明同志抱到门后的雨搭里，指令王传增在这看守并观察动静。这时，年满仅16岁的通讯员李宝贵也穿着劫剩的衣服守候在王玉明身边。

东屋"通"的一声响，是刘中文同志发出的。第一声枪响将她惊醒，她迅速跳下地来。地下有个土豆窖，她跳在窖板上便发出了声响。但叛匪那一枪却没有打中她。当她打开东屋来到西屋时，屋内空无一人，唯见地下有盆口大的一摊血迹。她知道情况不好，决定去烧锅向八连报告。刚走出门，见月光明亮，活动容易暴露，便决定从后门出去，因为后院有柴火垛，可以隐蔽。一走出去后，不由大吃一惊：王传增持枪在门口面向外站着，李宝贵在雨搭里站着，身边是倒在地上的王玉明同志。她忙问“小李子，怎么回事？”李还没有回答，王传增倏地转过身来，“哗”的一声推上大栓，用枪逼住了她，并嗥叫一声“不许动！”正在这时，叛匪发出了集结信号，王传增转身跑掉了。

刘中文同志一见王玉明同志伤势严重，便背起了他，走了200多米，实在背不动了，便把他放在区政府墙角下。这时鲜血一片染红了她的衣襟，王玉明讲话已经很困难了，他吃力地吩咐刘中文，赶快向八连报告，向县里报告。刘中文答应着，同时叮嘱李宝贵好好照顾王玉明同志，便跑到烧锅报告情况，又同几个战士把王玉明同志抬到烧锅院里。这时，已是深夜12点多钟。八连同志全力抢救，又迅速组织人力，绑扎担架，准备护送王玉明同志到县城医治。可是，王玉明终因伤势过重，在第二天上午8时，为中国人民解放事业流尽了最后一滴血，献出了他年仅24岁的生命。

叛匪们杀害了区委书记王玉明同志之后，在南天门（今天门乡政府所在地）西城门口集合。按原计划，他们还想在叛变时将八连的一个排拉走，并抢光区营业合作社，但阴谋没有得逞，便向庆华西山逃去。之后叛匪又窜到延寿八甲（今延寿县六团镇桃山村），投靠了王洪胜，编入所谓国民党中央地下建军第十五集团军。

参加这次叛变的，有王传增等区中队队员13人；有姜春海等2名区委干部；有王崇等9名村干部；有李才等5名群众，共29

人。叛变后，即与尚永山、刘朋章、“战北”等数股土匪武装相勾结，到处“压大界”残害百姓，掠夺民财。李云林还被国民党中央地下建军第十五集团军师长王洪胜委任为少校营长。可是，他们好梦不长，在人民政府武装的打击下，这股土匪纷纷溃散。除被击毙病死者外，剩余全部落网。首恶分子李云林等12名叛匪被政府处决。

2.会发恒区武装中队叛变

1946年6月7日（农历五月初五端午节），会发恒区武装中队在队长徐海龄的策动下叛变。徐海龄出生于热河省朝阳区一地主家庭，1932年参加东北抗日救国军，该军后来被改编为国民党中央军六十三军九十一师二一七旅，徐海龄在受训后曾任五四〇团机枪连排长。1936年返回方正，任会发恒福德村自卫团团长。1939年3月，调任会发自卫团团长。1945年后，徐海龄混入方正恒自卫队，任小队长、会发恒区武装中队队长、会发恒区民政助理员、新兵连一排长等职。其政治背景复杂，后来被县大队队长、已是国民党“中央挺进军二三三师第二团上校团长”的赵维卿策反，让他迅速掌握一部分人，准备迎接中央军。1946年6月7日农历端午节那天，扩充的新兵（东北民主联军招募的新兵）要开赴县城参加训练。出发前会发恒区长张殿友发现徐海龄可能有问题，缴了他的枪。当晚，徐海龄勾结区中队副队王廷禄、队员韩才、姜海、吴英孚等几个死党窜到三合堡（今会发镇永合村白家屯）一起密谋，决定叛变。他们一面联络在区中队的党羽，一面派韩才、姜海去蚂蜒河大桥，将守卫大桥的区中队一个班的队员全部缴械，并胁迫他们叛变。然后，这些叛徒们在三合堡屯东的一座破庙里磕“大头帮”（一起磕头发誓结成叛乱帮派）。他们又派人去珠河屯（今会发镇珠河村），向在那里工作的县工作队员李方斌、区干部陈炳蕚等假传区委通知，让李方斌、陈炳蕚等返回会发恒。次日，徐海龄等叛匪在三合堡西山沟丛林中设伏拦截，将李方斌、陈炳蕚、刘玉莲缴械后劫持。

田志清

6月8日，也就是区中队叛变的第二天，三五九旅七一八团派二营到珠河太平岗（今，会发镇太平村）追缴徐海龄等叛匪。二营营长田志清率四连战士乘2辆汽车赶到太平岗时，徐海龄早已跑了。这时，一个自称陈大法师的前来求见。陈大法师，即四部落刀子会头子陈贵生（陈小辫），头顶梳条小辫子。后来得知，这个陈小辫是国民党地下建军师长。陈小辫早就预谋好了，他假装与张区长握手，黑枪会道徒崔干巴乘机挺着扎枪，“嗷嗷”怪叫，扎向田营长。田营长很机灵，一滚身倒在地上，刚要拔枪还击，可已经来不及了，崔干巴又扎来第二枪，这枪扎在田营长的腹部。接着，田营长的警卫员也被刺倒。

陈贵生见田营长被刺倒，就指挥黑枪会向屯里进攻。这次来的黑枪会大约有100余人，挺着扎枪从墙上跃进屯子。二营战士对这突如其来的进攻，猝不及防，纷纷向屯外撤退。黑枪会占领了太平岗。二营集合队伍重新向屯里反攻。打死五六个黑枪会道徒。黑枪会道徒们一看自己也不是刀枪不入，就夺路逃跑了。

二营战士们进屯找到了田营长和他的警卫员。警卫员已经牺牲了，田营长伤势很重。于是，大家乘车返回县城。走到太平岗大桥的时候，田营长终因伤势过重、流血过多牺牲了，年仅34岁。

徐海龄叛变后，与国民党政治土匪赵维卿相勾结，流窜到方正、延寿一带，他们仇视新生政权，曾多次袭击会发恒，抢劫民众财务，焚烧区政府文件，杀害三五九旅和人民政府工作人员，杀害平民百姓，无恶不作，罪大恶极。

在三五九旅和方正县大队的联合清剿下，徐海龄匪队被剿灭，徐海龄只身逃脱，逃奔到长春国民党军队，被编入国民党中央军六十军五十二师三团二营四连，后被提升为副排长。1948年辽沈战役后期，国民党六十军起义，被解放军改编，后被解放军清洗回到方正。1950年2月1日被枪决，终年34岁。

3.大罗勒密区武装中队叛变未遂事件

大罗勒密区中队，又称方正县自卫队第七中队，是方正县大同盟武装力量的一部分。成立于1946年2月，有队员30名。大罗勒密三面环山，森林茂密，一向为土匪匿身之地。且其地扼控哈同公路，为战略要地，李华堂、谢文东、张雨新等匪部经常在这一带活动。大罗勒密区中队成立不久，李华堂就将中队长邱凤林拉拢过去，封他为国民党地下建军独立营营长。

邱凤林，人称邱磕巴，伪满时期当过伪自卫团团长。抗战胜利后，又当了保安队小队长。保安队实为日伪余孽的武装力量，后被苏联红军缴械。由于邱凤林长期和枪杆子打交道，练就一手好枪法。他“枪杆直溜”（枪法准），在大罗勒密一带有些威慑力量，因此，当大罗勒密区中队成立时，便让他当了队长。

接受了李华堂的委任之后，邱凤林就开始了叛变准备。他首先与副中队长黄文林秘密勾结，继而与队员王录、黄云重、孙林等联系为党羽。

1946年7月29日，三五九旅七一八团二营长田志清率部奉命去大罗勒密消灭李华堂、谢文东匪部。二营部队行将抵达时通知邱凤林迎接，邱唯恐阴谋败露，去则凶多吉少，遂仓促起事。邱欺骗队员说李、谢匪部人多，以要去南山躲躲为由，带着3个班队伍出南门，一口气跑了8里路，来到户梯岭下一片密林中。这里有一块大烟地，邱把队员安顿在一棵大树下，才磕磕巴巴说出真相，下最后通牒："李华堂就在山上，我已被委任为独立营长，'够交的'就留下，'不够交的'就滚蛋。"队员们这才知道邱凤林叛变投靠李华堂真相，但都惧怕邱凤林的枪法厉害，而敢怒不敢言。如果离开，又怕邱凤林背后开枪。这时大罗勒密四个隅长（村长）赶来，是奉田志清营长之命前来劝邱凤林放下武器的。可邱凤林早已死心塌地投靠李华堂，根本听不进去，从腰间拔出枪来对四个隅长虎视眈眈，要翻脸开枪。这时一向倾向革命的一班长张景明见情况紧张一触即发，便出来开口打圆场缓和气氛，阻止事态进一步发展。并示意队员王伯林伺机行动。王伯林曾在旧东北军中当过司号兵，有一定作战经验，枪法也准。平时与班长张景明要好，两人都忠于革命，心向共产党。邱在张景明的劝说下把枪收起，让隅长们回去。在邱转身离开人群进树林去撒尿时，王伯林趁机在其背后开枪，一枪毙命。枪声响过，林子外传来二营的喊话声："八路来了，赶快把枪放下！"。原来是四位隅长去劝归时，二营已把这片林子包围起来了。倘若邱等迷途知返，自当别论，倘若不听劝阻、一意孤行，就以武力解决。听见枪声，知有变化，急忙喊话。叛匪中几个胆小的放下枪跑掉，大多数在张景明的指挥下没有动。这次叛变就这样被粉碎。次日，大罗勒密区长李旭东将区中队留下的成员召集起来，在二营的帮助下，重建了武装队伍。

方正县东部剿匪

东部匪帮主要有谢文东、李华堂、张雨新、石子阳、李方亭等部。东部匪帮是对方正威胁最大的土匪势力，也是最大几股政治土匪。

谢文东原是抗联八军军长，1939年在日军大规模"讨伐围剿"下，于3月19日率24名部下在依兰土城子投降日军。光复后，作为日伪残余势力一度被三江人民自治军收编后又叛变，被国民党收编为“第十五集团军”上将司令。李华堂原是抗联九军军长，1939年7月，对抗战前途失去信心，在大罗勒密率30余人携1挺轻机枪向日军投降。1945年光复后，李拉起名为“忠义救国军”土匪部队，自任司令。后被国民党接收大员姜鹏飞委任为“第一集团军”上将司令。李匪队约有1 000余人，盘踞在通河、依兰、方正一带，是方正东部一大祸患。

李日新

1946年5月15日，方正县公安局副局长李日新率县大队战士在押运犯人去大罗勒密途中，遭遇张雨新伏击，不幸被俘，英勇不屈，在大罗勒密被土匪残忍杀害，时年25岁。

1.得莫利之战

1946年5月，李华堂匪部、张雨新匪部在林口县刁翎镇受到东北民主联军合江军区部队严重打击后，死伤惨重。余部800余人逃往牡丹江西岸方正县一带。

1946年5月的一天，我七一八团二营侦查参谋李玉清侦悉，投靠国民党的土匪帮谢文东部、李华堂部、张雨新部占领了得莫利，拟向方正县城进犯。同时，七一八团二营部也接到谢匪打来电话：“限七一八团二营在两个小时之内撤出方正。”

这时，七一八团的三个战斗营分布在通河、方正两个县，团长又不在方正，守卫方正的只有二营。面对敌众我寡的形势，营长田志清决定主动出击、挫敌锐气，并进行了周密部署：县大队在城外集结，让开正面，固守两厢，以应不测；他亲自率第四、五、六连和机关枪连向得莫利出击。

当天子夜，二营前卫第四连到达尖山子。尖山子位于得莫利河以西、老哈同公路南侧，系方正县城的东方门户。此时，尖山子已被李华堂部前卫杜廷芳团占领。李曾严令杜守好此山。但杜以为城内守军不会出击到这里，便只让一个姓王的连长带20多人在山上设卡，而将大队人马安扎在山下的山庄（今，得莫利镇尖山村）里。王连长只令两个人放哨，他与其他人躲在山北面一处避风的石板上，点起蜡烛赌起钱来。这时夜色很浓，李青山率队从南坡摸上山顶，循着吆三喝四的声音将赌性正浓的敌人包围后隐伏不动，做好聚歼的准备。他自己把手枪插进腰带，拉下帽檐，悄悄挤到赌场的人缝中。见王连长正在做庄，一边沾牌，一边叫着押牌，李青山应声把两块大头银圆摔在天门上。王连长见赌注甚大，便骂一声："你把命押上，也虎不了老子！"说完掏出二八盒子，"啪"地按在庄上。然后看一眼牌，惊叫一声"啊呀，闭十了……"李青山迅速从夹缝中伸出手去，把牌一摔："六九！"随即把王连长匣枪抓在手里，跳出圈外，断喝一声："不许动！"四连战士们忽地冲上来，把敌人全部生擒。四连兵不血刃，占领了尖山子，打通了去得莫利的道路。

通过审讯王连长得知，敌兵力十倍于己。营长田志清召开会议，确定如下方案；第一，固守得莫利河以西这道防线；第二，展开夜战，主动出击，利用敌不知我军虚实的弱点，发挥我军长于夜战的优势，争取将敌人赶走，以后消灭。要固守得莫利河以西战线，必须把盘踞在河东的敌军赶走，而这又必须通过得莫利河大桥。大桥长200米，木质结构，系依兰、方正两县交通要隘。夺取大桥是二营实现战术意图的关键。二营进行火力侦察，敌人立即还击。子弹急雨般飞泻，密集的火力网罩住了桥面。田志清命六连凭借桥西头土房以机枪为掩护夺取大桥。他亲自指挥冲锋。前卫排几次冲锋，都被对岸的火力堵了回来，伤亡较重。这时，指导员明光带着突击班，借着敌人扫射的空隙，跃上公路。此时，一串流弹飞来打在明光的身上，明光当即倒地牺牲。

田志清营长一见明光牺牲，悲愤已极，怒吼一声：“给我打！狠狠地打！压住它！”二营轻、重机枪，掷弹筒等，一齐开火，子弹像狂风暴雨般射向对岸，使敌人大为惊慌，李华堂当即把参谋长潘景阳撤职，因为他搞错了情况，眼前八路的火力，根本不像一个营。李华堂临阵换马，让十三旅旅长张文生接任参谋长，去前沿指挥。这时，前沿枪声越来越紧，李华堂便施展故技，带几个亲兵，从松花江边绕过山背匆匆逃走。

在二营的桥头阵地上，营长田志清见时间紧迫，不容拖延，便在四连的机枪掩护下奋勇夺桥。他趁着双方火力暂停的一个间隙，在夜幕掩护下飞身跃到桥下，手攀桥板，脚蹬桥柱，攀缘前进。战士们也照样跟上，直到爬上对岸时，敌人仍未发觉。他们与敌人督战队撞个正着。他们突然发起冲锋，敌猝不及防，当即溃散。这时，二营河边阵地上响起“一营已进入阵地”“三营请求出击”的军号声，以迷惑敌人。敌人前沿阵地已乱。二营的冲锋号响起来，3个步兵连冲过桥去，直扑得莫利屯。不到一个小时，即将敌击溃。这次战斗，毙敌100余人，缴获步枪100余支、重机枪2挺、子弹1 000余发。敌参谋长张文生右臂被打断，由匪兵用担架抬着逃走。

2.大罗勒密歼敌

1946年7月，国民党新编第二十七军军长、潜伏在哈尔滨的建军头目姜鹏飞等，妄图在哈尔滨组织暴动，于是密令在方正县东部三道通（今林口县三道通镇）、大罗勒密一带活动的李华堂、谢文东部借国共合作之名向守卫方正的七一八团（三五九旅的新兵团）借道去哈尔滨，共谋叛乱。7月28日，谢、李派大罗勒密人谷玉章（绰号谷冒眼）到方正城防司令部下书：“我部奉东北保安司令长官杜手谕，务于近日同军部会合，折回沈阳，鉴于国、共两党合作，理应免动刀枪，特向贵司令借道方正，率众西行，敬在两日后候复回音。”团政委杨义看穿了敌人的阴谋，严词拒绝。并指示二营严密防守，注意敌情，派人去大罗勒密侦查。二营即派民运干部贺剑堃（女）与营部医生石鸿志以探家为名，更换便装乘谷玉章的渔船前往大罗勒密。当日午夜时分，石鸿志返回方正报告敌情，带来敌人撕下“合作”面具扣押贺剑堃的消息。杨义决定立即出击，打敌人一个措手不及，救出贺剑堃。营长田志清奉命率第四连、机枪连分乘4辆以木炭为燃料的汽车，连夜东进，驱驰90里山路，翌晨3时，抵花公鸡山背，为不惊动敌人，下车步行前进。半小时后，排长梁山率前卫一排抵达大罗勒密西城门脚下。这时，全村寂静无声，向卡子房投石问路，仍无反应，一战士附身探头察看，才见两扇城门已被绳索连在一起，并绑着20多颗手榴弹！部队于是躲过城门，越墙而入，引起一阵犬吠鸡鸣声。敌人闻声向红部（今，大罗勒密镇兴隆村兴隆屯附近，1936年至1945年这里是大罗勒密区域日本开拓团的总部，也叫红部）方向逃去。二营立即尾随追去，黎明时到达红部附近。第一排在前，大部队在后，向前猛插。越过一道用草筏子砌成的围墙后，前卫遇到敌人的卡子，只交火几分钟，后边的第四连就全部赶到。田志清因救人心切，即令吹起了冲锋号。战士们如百米冲刺般一连突破敌人3道防线，距离敌指挥部只有几十米远了。匪参谋长张文生率数十人窜往南山。二营在一幢大房子里营救了被捆绑的贺剑堃与几名“肉票”（土匪掳走的群众）。

田志清率队离开县城第二天晚上，二营五连一排排长贺二青从城南驻地梨树园捉获为李华堂、谢文东传递信件的陈玉堂。陈玉堂是大罗勒密人，原为伪警察，后以跑山货的客商身份为掩护从事反革命活动。从他所带的学生文具中，发现姜鹏飞给李华堂、谢文东的委任状（委任状写在两块细腻柔软的黄橡皮上，将其拉长至20倍时，字迹即显现出来，下文所说的密件藏在双层石板的夹缝中）和一个打印的密件："上月五日杜长官令我军配合新一军进驻哈尔滨，现改为我单独行动，着令谢、李所部务于八月十八日午夜，与合江左建堂部集结阿城，待命进哈……"至此，国民党地下建军的计划已全部暴露。团政委杨义立即调整部署：命邹参谋长率特务连增援五连，加强对黄泥河一线的警戒；坚决不让敌实现合兵阿城进击哈尔滨的战略意图。李、谢见田营长亲征大罗勒密，料知从得莫利一线通过无望，便走南线梨树园方向。一到黄泥河（今，双风水库上下河流），便遭到二营伏击兵的猛烈打击，在黄泥河中抛下10多具尸体后，又窜回深山。

3. "海星号"激战花公鸡山

1946年9月10日凌晨，我七一八团奉命从集结地通河县城出发，兵分两路奔赴佳木斯。主力二营护送全团辎重（行军时携带的军械装备）、给养从江北陆路东进；一、三营与团直机关乘合江军区从佳木斯派来的客轮"海星号"顺江下行。"海星号"有三层板楼，非常单薄，七一八团对它进行了整修，使它成为一艘小战舰。重要部位都用铁皮保护起来；在舵楼的三面用麻袋土围成半圆形矮墙；甲板上，每隔3米在栏杆上镶焊一块铁板，做成单人掩体；客轮内外，增加一些简单救生圈。中午，"海星号"到达方正县伊汉通渡口，再往下行，南岸便是山林地带。为防意外，派一营八连登岸，向东搜索前进，作掩护。下午3时许，轮船驶进大罗勒密西的花公鸡山段，沿岸是20多里长的悬崖峭壁，峭壁顶上林深草茂。这时，担任警戒的一营机械连二排指导员聂聚财发现右前方300米草丛中有情况，即令准备战斗。他的话音刚落，一发炮弹飞来，把舵楼炸出一个大窟窿，大副当即牺牲。同时，排子枪、轻机枪也扫射过来，有的子弹穿透护栏，钻进掩体麻袋里。在山上伏击的是谢文东部。谢得到七一八团东进情报后，便率部从张广才岭深处潜来此地布卡截击。一营二排在指导员聂聚财和排长赵国良的指挥下沉着反击。4挺重机枪一齐开火，小炮班向着枪弹的飞起点轰击。激战中，在船尾后操纵机枪的四班长大老徐负伤，赵排长立即顶上去举枪扫射。二排猛烈的火力把山上的不少树木削成木桩，有效地压制了敌人，敌枪声渐稀。大约20分钟，在二副的操纵下，“海星号”离开峭壁。谢匪以小炮跟踪轰击，炮弹纷纷落在船的附近，溅起的水柱涌上甲板，战士们遍体淋湿。蹼轮叶板被炸坏两块，烟囱下被炸出一个大窟窿，发动机停止运转。轮船失控，在江面左右摇摆，随时都有撞山或搁浅的危险。片刻之后，船漂流到峭壁底坡的起伏地带，埋伏在这一带茅草中的敌人突然向船头开枪。轮船受到峭壁上面和峭壁下岸边起伏地带两方火力的夹击。在这紧要关头，团政委杨义亲自出来指挥，他命令再架上两挺机枪，船上所有小炮都投入战斗，抛锚停船进行抢修。他们将重机枪架在船头，居高临下打击岸边起伏地带的敌人。炮弹不断在敌群中爆炸，岸边地带的敌人火力被压制住，但船仍处在峭壁顶上的敌人火力之下，比较被动。杨义命令一营教导员，人称“浪里蛟龙”的杜立欲组织泅渡队，登岸击敌，改变被动局面。杜率50余名战士跃入江中，在轻重火力掩护下，雁翅排开，破浪前进。谢部素来怕与民主联军近战，见此情景，乱了阵脚，江岸起伏地带的敌人已有掉头逃跑者。正在这时，远处传来机枪声和七一八团的冲锋号声，掩护部队八连正向悬崖上的敌人发起冲锋。船上的官兵精神更加振奋，以小炮猛轰崖顶，以机枪猛扫江边起伏地带敌人。敌受夹击，立溃。泅渡部队追击一程收兵。

这次战斗，七一八团牺牲1人，伤3人；谢部死伤近百人，被俘10余人。

掩护部队之所以迟到，是因为他们也遭到谢部的截击。

将敌人击溃后，他们跑步向花公鸡山进发。当船被打坏时，他们正与谢部后卫激战，有力地支援了船上的官兵。当战斗正在进行时，团部李参谋正与老船工冒着生命危险，爬到蹼轮上抢修。枪声停止时，蹼轮修好，发动机也转起来。整个战斗约进行40分钟取得全面胜利。在小罗勒密河口，将泅渡队员接上船，继续顺流而下。

4.剿灭谢文东匪部

1946年10月初，猖獗一时的谢文东、李华堂、张黑子、孙访友等匪首曾计划在打下依兰、汤原、桦川等地后再攻打佳木斯。在合江军区司令员贺晋年、政委方强和三五九旅副旅长谭友林所指挥的合江剿匪部队的不断追歼围剿下，被击溃的谢文东、李华堂等匪部已穷途末路，只好向林口县刁翎、三道通、四道河子、密山县、方正县等地流窜。1946年10月18日起，在依兰县境展开了清剿谢文东、李华堂、杨青海等大股土匪的“依南战役”。经过剿匪部队20多天的穷追猛打，三股土匪全部被逼迫到牡丹江西岸，陷于走投无路、饥寒疲惫困境中。谢企图通过牡丹江向吉林逃窜，投靠国民党正规军。11月20日，三五九旅第八团第二营第五连副连长李玉清，同采蘑菇老人一起，带着二排长刘书颜和十几名战士进山搜索，在牡丹江西岸林口县四道河子附近的四方台子山一座小山神庙前，将匪首谢文东活捉。

谢文东身上有两样宝贝：一个是小金佛，一个是卜卦用的“诸葛亮金钱神鼓”。他习惯每天用这“神鼓”算上一挂。可这天，他没算准。当时，他带领仅剩的4人逃亡到这座小山神庙前，正跪在地上，一边给摆在前边的金护身佛磕头，一边念叨：“佛爷多保佑，保护我父子性命，定将百倍恩报！”旁边的两个土匪正在用铁缸子烧水。这天是1946年11月20日，国民党第十五集团军中将司令谢文东被第八团搜山小部队活捉，束手就擒。

1946年12月13日，这个恶贯满盈的家伙谢文东在勃利被公审处决。1946年12月14日，《东北日报》在头版头条发表了题为“庆祝剿匪胜利，枪决谢逆文东”的消息。至此，东北解放区的匪患基本肃清，剿匪斗争取得了伟大的决定性胜利。

5.追剿李华堂、张雨新匪帮

1946年10月，我合江省（解放战争时期设置的省区，位于黑龙江省东部的三江平原，省会佳木斯）军区和三五九旅剿匪部队，在贺晋年司令员和谭副政委的亲自率领下，集中力量穷追猛打隐蔽在桦南、勃利、林口、依兰一带的李华堂、谢文东、张雨新等几股残余土匪。在刁翎经过几次激烈战斗，把谢文东、杨清海二匪打得七零八落，各自逃命去了。李华堂只带100多土匪，逃进刁翎深山老林里潜伏起来。

三五九旅八团担任林口县刁翎、三道通一带追剿李华堂残匪的任务，他们把李匪追剿得溃不成军。特别是莲花泡一战，打得残匪无藏身之地，纷纷向剿匪部队投降。11月末到12月初，在林口县的二道沟、三道河子、八道沟、大清地一带追剿残匪，活捉了李匪炮兵营长、步兵营长、副官各一人，匪徒10余人。11月29日，在林口县黑瞎子沟里，俘获了参谋长李文生、李华堂儿子李凤桐。12月12日，在林口刁翎西北山又展开了一场激烈战斗，消灭李匪大队头目和匪徒150余名，缴获机枪5挺、马步枪150余支。经过这次战斗，李华堂身边只剩6名顽匪，钻进刁翎西北大顶子山的一片树林里。当剿匪部队发现他时，他身边已无一人，隐蔽在一棵老枯树桩子后面负隅顽抗，用两支手枪射击。跟踪追击的小分队温排长，让小分队正面围歼，自已绕到李匪身后，在他弯腰换枪时，趁其不备，几个箭步蹿到他的跟前，飞起一脚，把他刚从右腿弯处抽出来的手枪踢掉。李匪一惊，又急忙从左腿弯处抽出另一支手枪。还没等李匪直起腰来，温排长的手榴弹已经砸在他的头上。李匪的手枪在腿弯处响了，他的头也被手榴弹砸中，倒在地上被活捉。李匪的胳膊和腿在负隅顽抗时被击伤。

在用马车押解李匪回刁翎的途中，马惊车翻，李华堂被当即压死。

12月中旬，三五九旅第八团第二营第五连搜山部队，在林口三道通西75公里处的二南沟，俘获了国民党东北挺进军中将总指挥张雨新（张黑子）。12月15日在林口刁翎公审后被枪决。

至此，东部三个主要匪首被歼灭。还有石子阳、杜方亭等一些小股土匪也相继被剿灭。

方正县南部剿匪

南部土匪主要有宋老八匪队、万海匪队、张鹏飞匪队、赵维卿匪队等。

1.剿灭宋老八匪队

宋老八，原名宋喜镇，惯匪。接受国民党地下建军委任。在苏联红军撤走方正前，经祁连山与苏联红军商议，决定对县保安队进行缴械，当时保安队长景志学、伪县长郭福翰接到交出武器的命令后，便携带两挺机枪逃出县城，投靠了宋老八匪队。苏联红军撤出方正后，宝兴人（侦察员）来方正报告说，郭福翰、景志学正在宋老八家（今德善乡德善村宋德屯）策划打方正县城阴谋。于是，人民自卫队星夜出击，一举剿灭了以惯匪宋老八为头子的20多名土匪。

2.剿灭万海匪队

1946年3月初，宝兴区委打来告急电话，万海匪队在太平山（宝兴乡南部八里岗）一带抢劫，请县大队火速出兵。同时，方正县城里董某等3户居民前来报告，他们的马车外出，途径太平山，被万匪队抢去。

万海，方正县德善乡人，惯匪出身。东北光复后，他重操旧业，拉起绺子（土匪帮），讨150余人。盘踞在长龙岗（今宝兴乡长龙村）、太平山（今宝兴乡政府西南山岗）一带烧杀抢掠。

接到报案后，县武装大队队长陈福贵亲率70名余名队员，乘两辆敞篷汽车前往打击。县大队武器装备精良，都是从日本军队扔下的武器中挑选出来的，还带了两挺重机枪，一挺轻机枪。同时，有宝兴区中队配合这次行动。

车到太平山北约半里路处，土匪的枪声响了。观察发现：土匪像树桩子似的，布满了太平山的山坡和山头。匪队居高临下向县大队猛烈射击。匪队的火力很强，除大枪（步枪）外，还有轻重机枪和转盘枪。陈决定不能硬打，而采取三面包抄的战法。

太平山的地形是这样的：东面是山岗，西面是亮珠河。他们做了分工：一、二排攻东面；三、四排打西面；五排和宝兴区中队攻打正面。以冲锋号为令，一场激战开始了。起初，万海队依仗匪队人多、武器好，不把我军放在眼里。可是，经过4个多小时的战斗，土匪力渐难支，便放弃太平山，退到东南沟。县大队兵合一处，猛追敌人。

东南沟两侧山高坡陡，沟又深又长。万海匪队用两挺机枪在两侧封锁沟口，大部分土匪在沟里吃饭休息，妄图卷土重来。尽管战士们冲了3次，但都被土匪打了下来。总结经验教训，于是，县大队把每排分成4个战斗小组，每个组单独行动。当冲锋号第四次响起时，战士们“冲啊，杀啊”的喊声震荡山谷。万匪见这个阵势，把土匪全部集中到阵地上，拉出决一死战的阵势。打了不到一个小时，由于县大队点多而分散，机动灵活，土匪不断地死伤，终于力不能支，向沟堵头逃窜。部队追击到赵炮屯（今宝兴乡永建村育林屯）南沟时，万匪进行拼死抵抗。县大队让骑兵排打头阵，骑兵们跃马扬刀，喊声震天。大队人马杀过去，土匪大败而逃。

此次战斗，打死土匪11名，打伤6名，生擒11名，其中有万匪队二头目。万海后来被政府逮捕归案，公审时被群众打死。

3.剿灭张鹏飞匪队

1946年4月，延寿（驻延寿军区）给方正（县武装大队）打来告急求援电话，延寿驻夹信子的三五九旅三团外出剿匪未归，土匪张鹏飞要乘虚而入，血洗夹信子。军区命令方正县武装大队火速前去攻打张鹏飞匪队。为了彻底消灭这股土匪，七一八团决定抽调3个连配合县大队行动。于是按计划分三路人马向夹信子进发。县大队尖兵排到达夹信子村边时，遇到夹信子区政府来迎接的同志，得知土匪还没有进村。部队便进夹信子休整。

第二天吃过早饭，凤山（今延寿县夹信镇凤山村）人来报：张鹏飞正在那里抢劫，还烧了不少民房。县大队与3个连决定立即进军凤山。同时，与延寿方面取得联系，请求支援。正好三团剿匪归来驻在县城，决定“老三团和延寿县大队全力配合”。

方正县武装大队到达凤山时，延寿方面的兄弟部队已到凤山南了，取得联系后，马上向匪队发起进攻。匪队有六七挺轻重机枪，还有一门日本九二式迫击炮。他们仗着有利地势妄图顽抗。部队将其从四面八方包围过来，发起两次攻势，但因地势不利，只歼敌10余人。两军形成对峙状态，匪队也不敢贸然出击。打到傍黑时下起了小雨，双方停战各守阵地。半夜，匪队利用熟悉地形从东南方跑掉了。当时山里有条运木材的小铁路，经分析，匪队肯定是沿铁路往路南跑下去的。所以，部队集中兵力从庆阳后堵包抄过去。不出所料，土匪主力正在这里。这群惊弓之鸟，见到我军的影子便没命地逃。我军从驿玛河（今尚志市庆阳镇驿马河村）南山过河，追到楼山（今尚志市庆阳镇楼山村）后堵。又打了一天一宿，生擒土匪30余人。张鹏飞又率残部往深山逃窜，我军又尾追到四十八面沟（林口县境内）。在这里又打了一仗，歼敌40余人。张鹏飞的二掌柜姚某被我军击毙。匪队又继续逃窜，这时匪队只剩下20多人了，我军又继续往前追赶，一直追到方正境内双凤水库东南西片山，终于将残匪全歼。

4.剿灭赵维卿匪队

1946年8月初，永建区来电话报告，我军有三个人被赵大队抓到长龙岗（今宝兴乡长龙村），死活不知，请我军赶快出兵营救。七一八团政委杨义把这个任务交给独立营（营长陈福贵，1946年7月由方正县大队调到老五团任独立营营长）。

赵大队，即赵维卿大队，就是以原方正县自卫大队大队长赵维卿为匪首的绺子（土匪组织）。他也接受了国民党的委任，是所谓地下建军上校团长。手下有匪徒300余人。活动在延寿与方正交界的山区地带。

赵维卿原名赵连成，1908年出生于延寿县夹信子区下石嘴子村（今，延寿县中和镇下石嘴子村）一地主家庭，小学文化。1934年，被伪夹信子区公所任命为甲长，在任期间有敲诈勒索行为。

1935年，方正县地下党员杨春（方正县宝兴乡宝兴村人）凭借同学关系说服赵维卿，让他利用有利身份，为抗日大业作出贡献。在杨春的教育帮助下，赵维卿组织了下石嘴子村“抗日会”，自任会长。开始，他工作积极，为抗日队伍筹集粮草、购买药品、安置伤员、担任秘密联络员。当时的石嘴子村是抗联三军六纵队经常涉足之处。

1935年秋，抗日武装部队与日军作战失利，遗尸多具于李花屯东南山。赵维卿应抗日军队请求去掩埋烈士遗体。此举被伪夹信子警察署侦悉，不久，赵维卿被捕。被捕后投降叛变，被敌利用，其抗日身份未变，但却充当了日伪当局的密探，受命继续与抗联保持联系，及时向日伪军提供情报。不久，赵维卿诱使抗日山林队龙占部队投降日伪当局；继而将抗联三军某团范团长在河套汤家养伤的消息和三军设在山东窝棚（今宝兴乡永建村育林屯东）山洞里临时医院的秘密告诉给伪夹信子警察署，致使三军六纵队政委马洪力、珠河中心县委小姜等22名抗日志士和2名护理他的抗日群众被害。

由于赵维卿善于伪装，其罪行未被察觉。1936年7月，六纵队派他去南天门区黑河口村为抗日募捐。该地群众踊跃捐献，不到一天时间就捐献2 000余元现金、手枪1支。之后，赵将其全部私吞，向六纵队作了募捐未果的汇报。

1945 年，抗战胜利，赵维卿被杨春推荐给方正县民主大同盟，担任大同盟自卫队大队长。赵先后将伪满大罗勒密村长、伪满协和会大罗勒密分会会长丁慎修、伪满会发恒警察署长吴英孚、惯匪尚永山等拉进自卫队委以重任，结为党翼。不久，他又接受国民党地下建军组织给他的“中央挺进军上校团长”的委任 。在方通战事中，充当了可耻叛徒的角色，使方正大同盟和我军部队遭到极大损失。

三五九旅将自卫队缴械后，他返回延寿，欲加入国民党正规部队，但国民党地下建军组织只给他一个“地下建军三十九团团长”的空头衔，让他自己发展队伍。赵维卿从哈尔滨返回延寿后，就四处活动，招兵买马，尤其是去会发恒策反区中队队长徐海龄，成为后来会发恒区中队叛变的重要诱因。

1946年4月28日，赵维卿在李花屯（今方正县宝兴乡永建村）将五湖、四海、北海、孙大愣、王青山、万海等匪队召集到一起，成立赵大队，自任少将队长。从此便流窜在延寿、方正境内洗劫村镇，抢掠民财，杀害无辜，顽固地与人民政府为敌。

5月，赵维卿在延寿县天台山小西屯（今延寿县中和镇天台山村），将屯长指为“共产党探子”，将其杀害；嗣后，在方正县长龙岗（今宝兴乡长龙村），又以同样借口将农民何启东杀害。

6月，赵维卿、徐海龄等匪股去方正县城东红部为虐，枪杀三五九旅战士高二；俘虏朱大虎，以极其残忍的手段将其砍去四肢，挖去双目进行杀害。

7月，赵维卿纠集刘作飞、徐海龄等匪股800余人，进攻洗劫会发恒。

1946年8月初，听说我军3个战士被赵大队抓到长龙岗，县大队乘汽车去营救时，土匪早跑了。屯中人讲，一个八路军被土匪活埋了。部队和村里人来到长龙岗东山埋人的地点，看到了土匪的暴行。这位烈士是被头朝下埋着的，土刚没到肚脐子，两腿朝上掰着。大家奋力用手把土扒开，手都抠出血了，抠出后揭开他的衣服看到遍体鳞伤，显然在埋之前曾遭毒打。被埋的同志叫王成祥，是三五九旅三团的副官。事后遗体被安葬在方正县烈士陵园中。

还没等部队回到县城，河西群众来报：赵大队200余人正在河西（蚂蜒河西岸）抢劫。我七一八团杨政委听后，立即命县大队出击，活捉赵维卿。经一夜急行军，来到河西。侦察兵报告，匪队正在王大干屯（今天门乡太平村王大干屯）休息。天一放亮，部队就把屯子围上了。打不到两小时，赵维卿率匪队逃跑，我军在后面猛追不舍。撵到六甲（今方正县会发镇联滨村六甲屯），匪队就溃散了。赵维卿更加狼狈，把装钱的匣子（土匪叫大箱）都扔了。追到九甲（今延寿县六团镇桃山村）又打了一仗，打死土匪6人，打伤4人。又撵到延寿新开道（今延寿县开道林场），赵匪妄图利用地势顽抗，又被我军击败，狼狈逃窜。又追至葫芦头子沟（今尚志市庆阳镇东南部），打死土匪数人。撵到四十八面沟（今延寿县庆阳农场东部），赵匪残部被我军彻底歼灭。

追剿赵维卿匪队整整用了四十多天。

赵维卿后来逃到国民党占领区长春，与地下建军头子孙凯取得联系，妄图东山再起。1948年，长春解放，追捕反革命之风日紧，赵维卿仓皇窜匿，经公主岭、哈尔滨，窜至黑龙江省林甸县萨尔图镇，被当地政府捕获，后转至方正县公安局。1951年12月被判死刑，时年44岁。

方正县西部剿匪

西部土匪主要有尚永山匪队、三江匪队。赵维卿匪队和徐海龄匪队也在此活动过。

1.七部落剿灭尚永山匪队

1946年3月，南天门（今天门乡）区长宋树奎给方正县城防司令部来电话，报告尚永山匪队正在七部落（今天门乡新安村靠山屯）抢劫，扬言要攻打天门街（天门乡政府所在地）。

尚永山，惯匪出身。光复后拉起绺子（土匪帮），纠集占北、双山、刘金飞等大小10余股土匪，150余人。尚匪首先投靠国民党地下建军二三三师崔景胜，后投靠方正保安大队赵维卿，被编为第八中队，驻守伊汉通。我军三五九旅进驻方正后，他又投靠李华堂，他的匪队被李华堂命名为尚团，尚永山本人被封为上校团长。尚永山匪队活动在方正西山里和通河县及宾县摆渡一带。

县武装大队加上南天门区中队200余人，浩浩荡荡奔赴靠山屯剿匪。靠山屯，伪满时期叫七部落。此时匪队并没有进屯，正集结在西山和虎头山。县大队刚在靠山屯布防完毕，一股三四十人的匪队骑兵就闯了进来。此时已埋伏好的战士们在大队长陈福贵一声枪响后，同时向土匪开枪射击。匪兵纷纷从马上大头栽下，战马也中弹倒毙。匪骑兵一看中了埋伏，不敢恋战，夺路而逃。此仗打死土匪9名，俘虏11名，打伤6名，打死战马21匹。

从俘虏的土匪口中得知，尚匪小看我们，想马踏营盘，给我们个颜色看，没想到被我们打得惨败。

刚打扫完战场，匪徒们又卷土重来。尚永山匪队从四面把我部所在的屯子包围起来。除了尚匪外，又从通河县、宾县叫来300余土匪，合在一起有600余人。这样一来，形势突变，敌我力量悬殊，我们又被困在屯内，十分危急。陈队长急忙给方正周参谋长挂电话。周参谋长说："要沉着冷静，坚持住，援兵立即赶到。"陈队长召集各排长开碰头会，从匪队枪声中判断出，敌人的主力在虎头山。陈队长让指导员坐镇指挥，他自己带五排突击虎头山。

虎头山，即靠山屯后山，离屯有300米远。敌人在山上架挺水压机枪。加上长枪配合，把靠山屯后山路封得死死的。陈队长组织三次突击，都被打了回来。这时，他的后脑勺也被流弹击伤，包扎后继续指挥战斗。

下午1时，周参谋长率七一八团六连赶到，他们是乘坐汽车从六甲（今会发镇联滨村六甲屯）进沟的。

六连战斗力强，没费多大力气，突破敌人封锁后到村内与县大队会合。陈队长向参谋长汇报了情况，参谋长命令六连长带两个排，限两个小时把虎头山拿下来。叫陈队长随参谋长带一个排，配合一排，解决西山匪军。

六连长把两个排分成两个队，从两翼向虎头山包抄。打不到一个小时，虎头山就被攻下来了，活捉了在这里指挥的尚匪二头目。

原来，周参谋长在接到陈队长的电话后，就给宾县和通河挂了电话，叫两县配合这次行动。宾县派了高丽帽子区中队，通河派了浓河区中队，两个中队共100余人。这两个中队从尚匪的背后悄然抄上来，尚匪光顾对付前面，没防备背后受敌，在我军两面夹击下，匪队彻底瓦解。

这次战斗，打死土匪100多人，俘虏62人，打伤17人。缴获大枪（步枪）234支、轻重机枪各10挺、转盘枪10支。尚匪三头目田某被俘。可惜，罪大恶极的匪首尚永山跑掉了。

2.会发恒自卫战

1946年农历八月的一天，叛匪徐海龄纠集土匪尚永山、双全、双山等匪部800余人，从西门打入会发恒街（今会发镇政府所在地）。当时，会发恒区的武装力量很薄弱，只有在会发恒区休养的十几名伤员和十几名工作人员，长短枪不过十几支。原来的区中队已叛变窜往别处。面对突发的严峻形势，会发恒区委书记李建军冷静分析敌情，果断下达命令：伤员迅速组成特别班，占领街中心碉堡，其余工作人员与积极分子携带电话机进驻烧锅大院内（烧酒的人家），另外组织200余名群众协助保卫烧锅大院。

这个中心碉堡是用土筏子砌成的，位于十字街口，即老哈同、方庄两公路交叉处。烧锅在现在的会发粮库院内，四周有一人多高的院墙，上面拉有铁丝网，四角设有炮楼。当时烧锅已为民主政权接管，院内存有大量豆油、烧酒、粮食，是当时会发恒最好的据守点，而且可以和中心碉堡相互策应。由于匪众来势凶猛，敌众我寡，单凭中心碉堡是不能扼住敌人攻势的，如果敌人包抄过来，中心碉堡可能会变成孤岛，与烧锅院里中断联系。于是，把防守重点放在烧锅大院。下令特别班撤进烧锅院内，然后组织人力，用黄豆、高粱袋子将大门堵死固守。李建军重新调配力量，东北角炮台由特别班守卫，因为那个炮台没有盖，守卫有困难。其他三个炮台让工作人员守卫。群众分为四队，分守四面墙，任务是用木棒、铁叉、镐头为武器，将那些爬上墙头的敌人打下去。

战斗很快就转移到烧锅院外进行。战斗中，不知不觉天黑了下来。那天晚上没有月亮，给防守带来困难。不知是哪位群众想出了个照明土办法：在院内贴墙立起一根高出铁丝网的木杆，杆顶再吊起一根可以转动的横木杆，在横木杆的一头系上一条绳子，由一个人牵引，在横杆的另一头系上一段铁丝，在铁丝的下边缠上泡浸了豆油或烧酒的麻团、棉花等，点燃后将火球探出墙外。这一招果然有效。一霎时，团团火球在墙外燃烧，大墙外亮如白昼，从院里向外看，一切都清清楚楚，而由外向院里看，则漆黑一团。土匪不敢近前了，躲在暗影里向土“照明弹”射击。偶尔打灭一个，还有与之相邻的两个照耀着，而打灭的那个很快又有新的补上。后来，敌人改变了战术，他们集中火力，同时向挨着的几个“照明弹”射击。在南墙西段，他们果真一下子打灭好几颗“照明弹”，乘着这短暂的黑暗，一些亡命之徒蜂拥而上。他们刚冲到墙根前，就被从墙里飞出来的一个个大火团所击中，烧得他们焦头烂额、呼爹喊娘，连滚带爬往回逃。少数几个腿快攀上墙头的，则被守城的群众乱棒打下，带伤窜回。就这样，李建军指挥20多名武装人员和百十名群众，英勇战斗，抵御着数十倍于己的匪徒进攻，顽强坚守了一夜。翌日凌晨，我军一个排的援兵从方正县城赶来，这是我军从三岔河换防休整的正规部队，冲破匪徒几重卡子，赶到会发恒，刚打了几个掷弹筒，匪徒就狼狈逃窜了。

3.福德屯剿匪之战

1946年8月，赵维卿等20余股土匪计300余人，在会发恒区西部福德屯西沟里集结，被民主联军侦悉。民主联军某部从高家屯

（今，会发镇新华村高产屯）出发，兵分三路，包抄追剿。一路从福德屯东进攻；一路从福德屯南山进攻，这是主攻部队；一路从延寿县九甲（今，延寿县六团镇桃山村）向北到方正珠河一带截击。这一仗击毙土匪10余名，抓获3名，把这伙土匪打散。从此，这些土匪一蹶不振。

4.剿灭“双山”匪队

1946年仲秋节前，我党从关里派来干部，时任方正县县委委员、县委秘书的王钊，带着警卫排10名战士和警卫员到会发恒西珠河区开展工作。

珠河区边远偏僻，山多林密，是有名的胡子（土匪）窝。不光有“双山”“双全”“三江”等几股大帮土匪在这一带为非作歹，还有小股土匪绺子（土匪组织）窜扰，搅得民不安生。

工作队刚到珠河不几天，群众检举矫家屯（今，会发镇东风村）有个矫七爷为土匪藏枪。王钊派人将矫七爷找来向他讲明党的政策，于是在矫家东山起出（找出）3支“九九”步枪。

一天深夜，有群众到工作队住处报信说：“珠兴屯（今，会发镇珠河村）进胡子了，逼老百姓杀猪、宰鸡，又抢东西！”王钊和警卫员叫醒战士们，带上机枪、小钢炮，一行12人趁夜色，绕到珠兴屯南，在屯子附近选好有利地形，观察到土匪还都在屯中亮着灯的屋里胡作非为。见此情景，王钊举枪打了三枪，机枪射手又扫了一梭子。枪声一响，土匪们炸了营，他们边放枪边赶着老百姓往外撤，由于分不清土匪和老百姓，便无法开枪，土匪趁乱跑了。

王钊从老百姓那里得知，昨晚那股土匪是“双山”土匪绺子进了屯，一共70多人，朝西南方向逃去了。第二天，王钊根据土匪钻山沟特点，分析这股土匪逃得不会太远，于是又带领战士们朝西南方向的繁荣堡（今，会发镇平原村）追去。

崎岖的山路很不好走，战士们时常被沟膛里的塔头绊倒。途中，遇到一个可疑的人，几经盘问，才知道原来他是繁荣堡的老百姓，是“双山”土匪威逼他去打听昨晚打他们的八路军有多少人。经过教育，那人同意为战士们当向导，抄近路把战士们领到繁荣堡北山。战士们埋伏在树林子里，把山下屯子中的情况看得清清楚楚。王钊仔细观察一会地形，让迫击炮手王宝成往屯子的东门外和西门外各打一炮。“轰轰”两声炮响，屯子里的土匪和老百姓冒面似地向南跑，分不清哪个是土匪，哪个是老百姓。土匪逃到南山后，向战士们射击。王钊见敌众我寡，便一面组织射击，一面派人到珠河屯往驻会发区七一八团二营打电话请求支援。待会发区的剿匪战士赶到时，土匪已跑得没有影了。

王钊利用在屯子里休息的时间，亲自给土匪头子“双山”写了一封信。信上交代了党的政策，教育他们不要继续作恶，要及早向政府坦白认罪，悔过自新，并嘱咐送信人一定要当面交给“双山”。没过十天，“双山”带全部兄弟，拿着王钊给他的信，到会发恒区政府投降了。

不久，珠河一带的土匪都陆续投降了，山沟里太平了。这时珠河屯成立了八区政府，王钊同志任区委书记。

5.剿灭“三江”匪队。

珠河村有三个姓姜的人，即姜万里、姜万田和姜魁。他们拉起一支土匪绺子，报号“三江”。“三江”在珠河一带活动，烧杀抢掠，无恶不作。

王钊所带领的工作队在珠河村建立起农会和民兵小队之后，便离开了珠河村，到别的村开展工作去了。

“三江”匪队听说工作队走了，就压进珠河村，目的是来取民兵小队那仅有的5支枪。硬打是不行了，民兵小队长刘荣便与两个民兵把枪藏在东沟，但不知谁泄露了机密。“三江”队大当家的姜万里领着土匪把刘荣和两个民兵抓去，并起出了5条枪。

民兵小队长刘荣被绑在一棵一人多高、碗口粗的柳树上，由土匪崔干巴和王某看守。午间，刘荣妻子听说丈夫被绑来给送饭，见状心疼得直哭。刘荣说："哭什么，脑袋掉了碗大个疤，我死了你走你的道。三条腿的蛤蟆没有，两条腿的活人有的是！"

崔干巴一听气不打一处来，抄起日本战刀，翻过刀背，冲刘荣的脖子就砍，边砍边骂："这小子这么硬，准是共产党！"一连砍了三下，砍得刘荣抬不起头来，脑袋又麻又胀，刘荣咬着牙，一声不吭。

刘荣有个朋友叫张青山，在"三江"队里当军师，为救刘荣，给姜万里算了一卦，骗他说："刘荣是咱们一伙的，不能害他。"姜万里很迷信，不敢违背卦上说的，便将刘荣放了。

这就是刘荣"铁脖子"外号的由来。

一天，冯塘沟屯（今会发镇珠河村冯塘屯）来人报告说，"三江"匪队把冯塘沟屯的牛马全抢走了。这时正是忙铲忙蹚的夏季，牲畜被抢走了，地怎么种？于是，王钊决定打。这时县大队还有30人在这里。王钊命令大家把炮架在山上，叫炮手向冯塘沟屯内空地上打，同时机枪配合。准备好后，一声令下，枪炮齐鸣。屯里的土匪一听就慌了，以为县大队来了，扔下牛马逃跑了。

大家回到珠河村后，冯塘沟屯又来人报告说，"三江"给冯塘沟屯长捎信，限三日内把牛马送上山，不然就要血洗冯塘沟屯。

王钊马上召集县大队干部开会研究对策，这时，县里来电话，命令在珠河的县大队战士马上回县城，另有紧急任务。县大队的同志一走，就剩下王钊等8人。"三江"匪徒有几十人，敌我力量对比相当悬殊，但群众的生命财产受到威胁，只有坚决打。

在去繁荣堡（今，会发镇平原村）后山的路上，干掉2个土匪岗哨后，匪首姜万里听到枪声吓跑了。可当匪徒知道王钊身边只有7名同志时，匪徒又掉过头来把繁荣堡包围了，口口声声要活捉王钊。

王钊叫大伙沉住气。在屯南山梁上，与“三江”土匪展开了激烈枪战。战斗到天黑时分，王钊派刘荣领2名战士绕到敌人后边去，占据一个制高点，向敌人进行突然射击，打两枪换一个地方，土匪没想到背后又有了人，也不知道又来了多少人。听到土匪喊：“大部队来了！快跑哟。”

这股土匪就这样溃散了。

至此，方正县的剿匪斗争从1946年初开始到年末，在三五九旅和县大队联合打击下，先后剿灭了谢文东匪队、李华堂匪队、张雨新匪队、赵维卿匪队、万海匪队、张鹏飞匪队、尚永山匪队、“双山”匪队、“三江”匪队、石子阳匪队、杜方亭匪队等十余支大小土匪武装，共歼灭土匪千余人，到1946年末，方正县境内匪患全部肃清，巩固了新政权，稳定了方正县政治形势。

第三节　“土改”运动

方正县的土地占有制度自金代后到“土改”前，均属于封建地主私有制。当时，土地分为公田和民田。公田归封建衙门所有，经营方式为招民垦种；民田归拥有衙门印发土地执照的垦户所有，也有招户垦种。有地户大部分是地主，也有官吏。他们占有的土地除部分生产粮食自用外，大多用于出租佃户剥削。

土地改革前，方正县有可耕土地面积为38 531垧，折合为577 965亩。其中地主占有23 600垧，折合为3 540 00亩。地主人数占全县总人口的5.5%，约3 958人，地主人均占有耕地89.43亩。全县贫雇农人口64 774人，占全县人口的90%以上，人均占地不足1亩。

方正县自建县以来就属于农耕经济，广大穷苦农民，为了生存只好到地主家当长工，俗称“扛长活”、吃“劳金（佣金）”，或打短工挣些许可怜的佣金养家糊口。

黑龙江省（日本投降后的松江省和黑龙江省）的土地改革，先于辽宁省和吉林省。1945年8月9日，苏军150万大军（苏军100万人，蒙古骑兵50万人出兵东北，含内蒙古地区）向在东北地区仍在顽抗的日军发起猛烈攻击，日军被彻底击败，8月15日，日本无条件投降。10月末，苏军撤军，东北地区由东北民主联军，以及从关内进入东北地区的八路军接管。之后国民党军队占领了营口、大连、沈阳、四平、长春等铁路沿线的大城市，我军撤至东北农村，国民党军队被阻截在吉林省德惠以南的大中城市，以北的松江省和黑龙江省无国民党军事存在。所以土地改革运动先行在这一地区轰轰烈烈地开展起来。这次土地改革的主要任务是彻底废除地主阶级封建剥削的土地所有制，实行农民土地所有制（即土地改革）。

为了实施中共中央关于建立巩固的东北根据地的战略决策，中共北满分局于1946年2月，从宾县派23名干部到方正建立政权。2月25日，北满分局又派陈伯村率106名干部自山东老区来到方正县，组成工作队开展工作。2月28日建立方正县人民民主政府和方正县民运工作委员会（县委前身）。

3月，工作队深入到方正县5个区（南天门区、会发恒区、明阳区、临江区、伊汉通区），开展反霸、反奸、反匪和减租减息斗争（1945年收的地租按二五减息），发动群众进行民主建政，开展生产运动。4月，方正县民运工作委员会根据松江省工委“关于处理日本开拓团土地的指示”精神，将日本开拓团侵占的土地分配给当地农民耕种。

1946年5月4日，中共中央发布《关于清算减租及土地问题的指示》，即《五四指示》。《指示》决定将实行的减租减息政策，改为没收地主土地，分配给农民耕种。

从1946年5月起，中共方正县委、县民主政府组织全县农民进行了土地改革运动，“土改”运动经历了“反奸清算”、煮“夹生饭”、“砍挖”运动（即砍大树挖底产）、“平分土地”阶段。于1948年初结束。

发动群众，宣传“土改”

1946年5月至7月，县里组织大批工作队深入到全县214个自然屯，通过大会、小会及逐户进行土地改革宣传工作。重点宣传中央的《五四指示》及土地改革的意义和对广大穷苦大众的益处。宣讲贫苦人贫困不是命，是因为地主拥有大量土地，靠放贷剥削穷人。如果斗倒了地主、平分了土地，地主就失去了剥削穷人的工具。通过算账，逐步提高广大贫苦农民的阶级觉悟。同时，打消贫穷者的顾虑。在“土改”工作队进村之后，国民党的匪特，在群众中造谣，说国民党军队已打进东北，很快就会打到方正，国民党来了，地主就会反攻倒算，分去的土地和财物还得还给地主。因此许多人有顾虑，对土地改革持观望态度。工作队及时向群众宣传当时的政治形势和军事形势，逐步打消群众顾虑，并培养了一大批以贫雇农为主的土地改革骨干分子。

成立农会，反奸除霸

4月20日，方正县成立了农民联合会（简称农会），主任为张建。农会是党领导下的农村群众组织，担负组织广大贫苦农民进行减租减息斗争、反奸除霸斗争、斗地主平分土地运动、动员参军参战支援前线和征购粮食等多方面工作。方正县农会成立不久，全县有各村屯相继成立了农会分会。到月底，全县基层农民分会 848个，会员达12 412人。农会延续到县民主政府和区政府及村政权成立后方被撤销。

张健

没收土地，分田分地

工作队举着红旗唱着歌曲去没收地主的土地，再由农会按贫苦农民的人口分地，人人有份。雇农、贫农、军属和鳏、寡、孤、独者分好地近地，稍次一点的地分给中农。自己有地但低于人均地数时，补足所差部分。地主、富农分次等地。在“土改”中，不只是斗地主、分田地，同时也分地主的房屋和牲畜等财产给贫苦农民。

煮“夹生饭”和“砍挖”运动

在“土改”运动中，由于时间较紧，工作队掌握政策不到位，在斗地主、分田地中，有相当部分村屯对地主的土地和财产没收得不彻底，出现走过场，类似“夹生饭”，半生不熟的现象。12月20日，中共方正县委召开会议，传达中共松江省委扩大会议精神，要求按照东北局《关于解决“半生不熟”的指示》，以查地、挖坏根为中心，坚决消除“夹生饭”。

在煮“夹生饭”和“砍挖”运动中，出现了偏离党的“土改”政策现象，在村与村交叉斗争地主交出隐瞒土地和财产时，出现了严重的“左”的过激行为。1948年2月，党中央及时指出了打击面过宽的错误，发出了《关于立即纠正土地改革打击面过大的指示》。中共方正县委、县政府根据松江省委发布的《关于纠偏工作的指示》，按照贫雇农为骨干、团结中农、彻底消灭封建、搞好平分土地的精神，对全县土地改革工作进行了全面复查。把一些在1947年5月划分阶级成分中，上中农划为富农的重新界定为中农或下中农，并重新调整了土地。在纠偏过程中，落实了党的“重在改造和给出路”的政策，划分了土地给地主，使其通过劳动改造成为自食其力的劳动者。

1947年11月30日，中共方正县委发出通知，要求全县认真学习和贯彻《中国土地法大纲》，把“土改”工作进行到底。

1948年1月末，全县土地改革工作结束，封建土地制度被彻底摧毁。全县共分土地50 087垧，同时分配房屋12 308间。山区人少地多的村，人均分地6到7亩，中等村4到5亩，地少的村3到4亩。广大无地农民第一次获得了土地所有权（土地执照）。方正县政府向翻身农民颁发土地执照17 297份。

方正县土地改革，虽然斗倒了地主，农民分得了土地，实现了耕者有其田，但土地仍属于私有制。直到1957年农村建立了高级农业合作社，土地私有制才变为土地集体所有制。

在“土改”运动中，县、区、村级政权和党组织全部建立并得到充分的巩固和提高。

方正县党组织是在“土改”运动、大生产运动和支前等斗争中恢复和发展起来的。全面发展是在1948年以后开始的。经统计，1948年以前发展党员226名，其中，抗日战争时期发展党员10名，约占总数的22%。

1948年8月，中共方正县委根据省委《关于公开建党的指示》，由秘密建党转向公开建党，在公开建党试点中发展党员131名。

经过民主建政，全县相继成立城厢、会发恒、南天门、大罗勒密、明阳、临江、珠河7个区政府和7个中共区委员会。

1948年以后公开建党时发展党员788名，占全体党员人数的78%。到建国前夕有党员1 014名，其中，男党员860名，占总数

84.8%；女党员154名，占总数的15%。

至1949年4月，方正县农村建政工作圆满结束。全县共选出村代表2 046人、村干部1 078人，组成73个村政府。1949年8月21日至27日，中共方正县委召开第一次党员代表大会。代表全县1 014名党员。会议主要传达贯彻党的七届二中全会精神，并对发展生产、拥军优属等工作作出安排。

至1949年9月30日中华人民共和国成立前夕，全县共有区委8个、直属党支部1个、基层党支部55个。

第四节　参军支前上战场

在解放战争时期，为歼灭土匪和国民党反动派，方正人民积极参军支前上战场。

1946年1月，三五九旅进驻方正后，随即在县城设立招兵站。同年3月，各区都派进工作组，结合开展工作，动员青年参军。经选拔，有500余人参加三五九旅部队。

1946年4月中旬，全部美械装备的国民党军主力部队向四平展开猛烈进攻，东北民主联军在伤亡严重的情况下，被迫撤离四平。为了打击敌人嚣张气焰、反击敌人的进攻，东北民主联军急需补充大量兵员。为此，黑龙江地区各省、市、县委动员广大青年为保卫革命胜利成果，积极报名参军，参加自卫战争。1946年10月，东北民主联军前线指挥部由哈尔滨市移驻松江省双城县，在双城期间，进行了新开岭战役、四保临江战役、三下江南战役、夏季攻势、秋季攻势、冬季攻势和辽沈战役。在解放战争时期，黑龙江地区共有69万人参军。

解放战争中，东北民主联军日益壮大，战斗力不断增强。随

着形势的发展，扩编为东北野战军。1948年1月，根据中央军委指示，改称为东北人民解放军，

1946年5月，方正县独立营300余人在营长傅国壁、政委胡松带领下，开赴哈尔滨编入民主联军主力部队。

1946年11月，根据松江省委《关于补充主力的决定》，以成分好、身体好为条件，全县又有200名青年补充加入三五九旅部队第七团。

1947年，县大队500多人编入民主联军主力部队。此时县“土改”工作将近结束，农村开展“保江山”运动。在“打下江山保江山，人民江山人民保”的口号下，动员翻身农民参军参战，采取自愿报名、群众评议、村级审查、政府批准的方法。广大农村青年热烈响应，纷纷报名，只用一两天时间，全县报名就达1 633人。经群众评议、村审查同意的有976人，经县政府审查批准，有586人参加民主联军。

1948年，根据《中共松江省委关于扩兵与补兵的决定》，方正县又有200人补充加入三五九旅四团。

至此，方正县已有3 200多名优秀青年参军到我军主力部队。他们北战南征，参加了攻打吉林德惠、三下江南、四保临江战役，参加了攻打四平、围困长春战役，参加了辽沈战役、平津战役和解放大西南战役，有的参加了解放海南岛战役。为解放全中国做出了贡献。他们中的116人在战斗中光荣牺牲。这些革命烈士，方正人民永远不会忘记，在《方正县革命烈士英名录》中有他们英雄的名字，在共和国的旗帜上有他们血染的风采。

在四平战役期间，中共方正县委、县民主政府根据松江省委指示《关于战勤动员指示》，全县组织了一支由代理县长张健为政委、刘惠恩队长为800人的担架队，执行战地伤员撤退、战地物资运输任务。担架队下设8个中队（每个区组织一个中

队），每队4匹马，做通讯联络用；两台胶轮车，装运给养和炊具等。全队共有担架400副、胶轮车16辆、马56匹，并配备一个武装班，携有机枪、小炮等武器。担架队于1947年6月末从县城出发，7月1日抵阿城，经几天集训后，乘火车东去，经延边转蛟河，然后向西徒步行军200公里，穿过山区林带，渡过松花江，到达盘石，折而向南，经海龙到达辽源扎下大营。沿途辗转2 000余公里，地跨2市12县。按上级指示，投入到从东丰县到海龙县撤退伤员和转运物资的工作中。队员们在战场上各个奋勇当先，不畏枪林弹雨，顺利完成任务。经过40多天的战地锻炼和考验，队员们的思想觉悟、军事素质都有很大提高。9月份，担架队历经千辛万苦，全部完成任务，不缺一人一骑，返回方正。由于方正担架队的突出表现，荣获中国人民解放军第四野战军四纵队第二师颁发的奖旗一面。

第四章　新中国成立后社会主义革命与建设

第一节　巩固新生的人民政权

1949年10月1日，毛主席在北京天安门城楼向世界庄严宣告：中华人民共和国成立了。中国共产党领导的占人类总数四分之一的中国各族人民经过28年艰苦卓绝的浴血奋战，终于推翻了压在头上的帝国主义、封建主义、官僚资本主义三座大山，从此站起来了。

随着新中国的成立，方正县民主政府改为方正县人民政府。

为巩固和保护这来之不易的新生人民民主政权，党在建国初期相继开展了镇压反革命和肃反运动、“三反”“五反”运动、“整党建党”运动等，并毅然做出了抗美援朝、保家卫国的战略决策。

开展镇压反革命和肃反运动

镇压反革命运动是新中国成立初期同抗美援朝、土地改革并称的三大运动之一。

国民党败逃到台湾之后，在大陆上遗留、潜伏一大批反革命分子。他们并不甘心自己的失败，继续进行种种破坏和捣乱活动。朝鲜战争爆发后，他们以为第三次世界大战即将爆发，蒋介石的“反攻大陆”时机已到，所以反革命气焰更加嚣张。他们破坏工厂、铁路，烧毁仓库、民房，破坏粮食、金融等秩序。散布谣言，以致组织暴乱、袭击、围攻基层人民政权，残害革命干部和群众中的积极分子。1950年10月10日，中共中央发出《关于镇压反革命活动的指示》，从12月开始，在全国范围内大张旗鼓地开展了一场镇压反革命运动。

方正县镇压反革命运动，从1951年5月16日开始到1953年3月结束。依据《中华人民共和国惩治反革命条例》，通过大揭发、大检举，进行严肃审慎调查核实，共逮捕反革命分子34人。其中，国民党地下建军头子12人，反动会道门头子5人，伪官吏15人，反动党团骨干分子2人。在处理中根据反革命分子罪行轻重和认罪程度，对谋杀抗联人员和革命群众的反革命分子赵维卿等6人判处死刑，其他死缓2人，无期徒刑2人，有期徒刑10人，劳动管制4人，宽大释放10人。

经过镇反运动，基本扫除了国民党遗留、潜伏在方正县反革命分子和封建残余势力，进一步巩固了人民民主政权，稳定了社会秩序。

这次镇反运动结束后，漏网的残余反革命分子和封建余孽势力较运动前大大削弱，但制造反动谣言惑众，散发反动标语、传单，甚至搞破坏活动的现象依然存在。因此，1955年8月，在全县范围内再次开展第二次群众性镇压反革命运动。共逮捕罪恶严重，民愤极大、拒不坦白交代的反革命分子21人，其中有效忠日军、疯狂镇压人民革命活动的反革命分子伪满警务科王天民，反动会道门头子陈树元等被方正公安机关逮捕。依法判处死刑3人，有期徒刑15人，管制3人。

肃反运动，是镇反运动的延续。虽然经过两次镇反运动使反革命分子基本被扫灭，但仍有一些隐藏较深，伪装较严，暗藏在国家机关、企事业单位和社会上残余的反革命分子，又开始进行反革命破坏活动。1955年7月1日，中共中央发布了《关于开展斗争，肃清暗藏的反革命分子的指示》，方正县肃反工作从1956年3月份开始在内部开展肃反工作，共分6批进行，到1959年结束。核查出反革命分子、坏分子28人，其中被判刑17人，教养1人，管制下放劳动3人，逃跑1人。在这28人中被定性为反革命分子的4人。

通过这次镇压、肃反运动，进一步巩固了人民民主政权，保证了方正县农业、私人工商业和私人手工业的社会主义改造完成和正在进行的农业合作化运动的顺利开展。

“三反”“五反”运动

至1951年10月，全国彻底解放。之后我党又相继进行了镇压反革命和肃反运动，扫荡了遗留下来的国民党反共残余。至此，大规模疾风暴雨式的阶级斗争已基本结束，全党工作重点开始由军事斗争向经济建设方面转移。为恢复和发展国民经济，我党按照建国《共同纲领》，保护私营工商业的合法经营和适当发展。虽然资产阶级作为阶级已不复存在，但资产阶级的生活方式仍然在潜移默化腐蚀人们的思想，影响着人们的行为。一些资本家中的不法分子不满足于以正常方式获得的一般利润，力图通过向国家工作人员行贿等非法手段获得高额利润。他们在商品生产中偷工减料，偷税漏税，以次充好，制假卖假。尤其是在生产抗美援朝军用物资中，有意生产不合格的药品、急救包、绷带、军装等军用物资，给志愿军战士的生命和抗美援朝造成严重损失。这种情况的严重发展，引起了党中央的高度重视。党中央决定在党政机关国家工作人员中开展一场反对贪污、反对浪费、反对官僚主义的“三反”运动（主要反贪污）；同时在私人工商业界开展了一次反行贿、反偷税漏税、反偷工减料、反盗骗国家财产、反盗窃国家经济情报的“五反”运动。

方正县“三反”“五反”运动从1951年12月18日开始到1952年10月结束。整个运动经过宣传发动、建立机构、自查与检举、打“老虎”追赃定案、后期处理五个阶段。这次运动处理结果是：受处分总人数108人，其中，党内警告25人，党内严重警告8人，留党察看2人，开除党籍14人，行政记大过27人，降职6人，撤职5人，机关管制10人，劳动教养2人，开除公职1人，判刑8人。

方正县在“三反”“五反”运动中揭发检举的问题数额虽小，但性质相同，根据本地实际，在不同程度上对这些违法违纪的人员予以刑事判决、党纪政纪处分。

通过“三反”“五反”运动，教育了干部，挽救了犯错误的同志，清除了党的队伍和国家队伍中的腐败分子，有力地抵御了旧社会的恶习和资产阶级的腐蚀。官僚主义作风也得到一定程度的纠正。

整风整党运动

党风问题是关系到执政党生死存亡的问题。1950年5月1日，中共中央发出《关于在全党全军开展整风运动的指示》。1950年6月，党的七届三中全会及时提出：全党在夏、秋、冬三季进行一次大规模的整风整党运动，整顿党员作风，整顿党的基层组织。

1950年8月，中共方正县委根据中共中央《关于在全党全军开展整风运动的指示》，开始部署全县整风工作。这次整风以党的七届三中全会精神为指针，查思想、查组织、查作风，进行思想作风整顿。全县28个行政村党支部书记、村长、区一级干部，县直机关党员干部共400人参加了培训。然后，对照工作，检查自己，开展批评与自我批评。

在这次整风中，受处分党员16名，其中党内警告6名，撤销党内职务1名，留党察看4名，开除党籍5名。

这次整风运动于年底结束，虽然时间较短，但也收到一定成效。全体党员政治素质思想觉悟得到一定提高，党的组织得到深层次的清洗，战斗力明显增强。

1951年2月，中央发出《中共中央政治局扩大会议要点》，提出用三年时间进行一次整党任务。中共方正县委根据中央整党工作部署和县委制定的整党三年规划，从1951年5月开始，先后在全县党政机关、企事业单位和农村展开从思想教育整顿到组织整顿的整党工作。经过宣传教育，对照检查，查摆问题，然后组织处理。从查摆出的问题上看，主要有：部分党员干部有雇工（在春耕、夏锄、秋收雇工）、放粮（小斗出，大斗进）、放高利贷违纪行为；部分党员领导干部有贪污、浪费、官僚主义、命令主义和违法乱纪等问题。毛泽东在党的七届三中全会上告诫全党："资产阶级的'糖衣炮弹'将成为无产阶级的主要危险。"事实证明，这一告诫极具预见性，是完全正确的。确实有一些共产党人，在战争年代，经受起枪林弹雨的考验，是坚强的革命战士，但在我党掌握政权之后，地位、环境发生了变化，不再学习，把党纲和党员标准放在脑后，放松了对资产阶级思想侵蚀的警惕。在资产阶级思想的熏染和靡乱方式的诱惑下，经不起"糖衣炮弹"的轰击，败下阵来成了资产阶级的俘虏。

这次整党组织处理结果是：受党内警告处分41人，占当时全县党员总数1 217人的3.2%；受留党察看处分12人，占全县党员总数的0.9%；开除党籍处分40人，占全县党员总数的3.1%。

经过这次整党运动，加强了党的生活制度建设，建立、健全和改进完善了党内生活制度，使全县党员和党员干部得到了严格的组织锻炼和组织监督，有效地防范了资产阶级和其他剥削阶级腐朽思想的侵蚀。

至1953年整党运动结束，全县党员总数已达到1 217人，党支部88个，总支2个，党委8个。1 217名党员中，有140名为新党员。

新党员的不断吸收，充实了党的队伍，增强了党组织的生机与活力，巩固和发展了整风整党运动成果。

抗美援朝、保家卫国

朝鲜是中国唇齿相依的邻邦。

抗美援朝战争爆发后，1950年10月30日，中共方正县委召开各单位负责人会议，部署开展爱国主义教育和反美教育会议，要求将广大群众的爱国热情和对帝国主义的仇恨倾注到生产建设上来，以实际行动支援抗美援朝。11月5日，中共方正县委召开全县区委书记、区长联席会议，传达省委、省政府指示。会议确定三项任务：第一，扩兵补充主力部队；第二，动员支前战勤，组织赴朝担架队；第三，发动群众开展捐献飞机、大炮活动。通过广泛宣传和发动，全县迅速掀起了轰轰烈烈的抗美援朝、保家卫国运动。广大团员、青年踊跃报名参加志愿军，仅20天全县就有373名优秀青年被批准应征入伍，奔赴抗美援朝前线。县政府决定组建一支481人的赴朝担架大队。副县长邓兴华担任大队长兼政委，副大队长由朱相武、姚洪义担任。大队下设两个中队。一中队队长尹凤岐，教导员刘维国；二中队队长赵春庭，教导员刘和。每个中队下设3个连，每连80人左右。全大队配备担架60副，每副6人。12月5日从县城出发，县政府派200辆大车送担架队员及捐献物资到尚志火车站，去哈尔滨集中，乘火车东下，抵吉林省边境吉安县（即，集安县）城。12月25日夜，担架队在美军飞机轰炸扫射中，跨过鸭绿江，到达朝鲜边境满浦。然后急行军100多里到达战场。配合正与美军激战的38军抢运伤员。继而随军追敌到铁源，又抵达汉城（今，韩国首尔）。在汉城配合六十六军抢运伤员。从汉城前沿阵地到后方临时包扎所要走10多里山路，为减少损失，运送伤员多在夜间进行，每夜要往返两三次。队员们冒着敌人的炮火，尤其是顶着敌机的低空扫射，英勇奋战，为了抢救伤员置生死于度外，坚持50多天，一直到战役胜利后，才随军撤到三八线附近。这时，敌我双方处于对峙局面，前方已无大的战斗。方正担架队被调到阳德（今，朝鲜阳德郡），承担了5个多月的护理伤员任务。在这之后，一中队接受掏山洞任务。时值盛夏，酷暑难熬，敌机又常来袭扰，封锁交通要道，队员们常常连水都喝不上，但情绪饱满，斗志昂扬，胜利完成任务。1951年11月，一中队32名队员首批返国。大队长邓兴华与其他队员在1951年底到1952年陆续返回。在赴朝期间立功受奖的有：周有材立大功1次，王志发立三等功2次，各获省政府颁发的奖品步枪1支；刘维国立三等功1次。在朝鲜战场执行战勤任务牺牲的有：哈哈山的张祥、兴农的邵青山、新安的范长富、老龙岗的赵春廷、伊汉通的钟庆。

在抗美援朝中，方正县有38名优秀儿女血洒朝鲜三千里江山，献出了宝贵生命。

在抗美援朝期间，全县人民捐献干菜36万斤，水稻近144万斤，人民币110万元。

第二节　全县农业、手工业和资本主义工商业的社会主义改造

新中国成立后，通过“三反”“五反”、整风整党运动，使广大党员干部都受到了马克思主义和社会主义思想的教育，提高了思想政治觉悟，形成了健康的社会风气，恢复了党的优良作风。这些都为正在进行的革命和经济建设及发展营造了良好的社

会环境和政治环境。广大党员干部都以高度的政治责任感和极大的热情，投入到国民经济的恢复和发展中去，对新中国成立后的经济恢复和发展起到了重要的推动作用，并取得了明显成效。使当时的国营经济、私人资本主义经济、个体经济、国家资本主义经济、合作化经济等五种经济都得到了发展。

与此同时，我国社会生活中也出现和积累了一些新的矛盾，需要党有明确的方针和系统的政策逐步加以解决。在农村，主要是土改以后，以家庭为生产单位的个体农业经济已经不能满足城市对粮食及农产品原料不断增长的需求；而且土改后在农村又出现了缺少生产资料（比如生产工具、劳动力等）的贫下中农，他们为了发展生产出现了高利借贷，甚至典当和转卖土地，产生了贫富两极分化。为了发展生产、兴修水利、抗御自然灾害、运用农业机械和其他技术，广大农民产生了走互助合作化道路的要求。在城市，工人阶级和国营经济对资产阶级的限制和反限制斗争突显出来，对国家经济产生很大影响，工业化大规模发展引起这些矛盾加剧。为解决这些矛盾，党开始考虑并着手采取开展农村互助合作运动和城市限制资本主义的措施。所以，通过对农业、手工业、资本主义工商业的社会主义改造，实现国家社会主义工业化，并逐步实现向社会主义初级阶段过渡，成为历史必然。这就是党在过渡时期总路线提出的历史背景。

1953年6月，中共中央政治局会议讨论制定了党在过渡时期总路线：从中华人民共和国成立，到社会主义改造基本完成，这是一个过渡时期，党在这个过渡时期的总路线和任务，是要在一个相当长的时期内，基本上实现国家工业化和对农业、手工业、资本主义工商业的社会主义改造。即“一化三改”。

方正县农业合作化运动

方正县农业合作化分三步进行：互助组、初级社、高级社。

1.互助组

方正县土地改革开展得比较早，起步于1946年5月，完成于1948年1月，土地改革后贫苦农民获得了属于自己的土地，在一年多的农业生产实践中，出现了户与户之间在劳动力、畜力、生产工具、生产技术等方面不配套的矛盾，开始出现户与户之间互通有无、互补长短的自发性互助合作。1948年春，县委为贯彻东北局发出的“组织起来，开展大生产运动，支持解放战争”的指示，召开区、村干部大会，学习毛泽东《关于组织起来》的论述，根据农民自发组织互助合作的经验，进一步组织农民互助合作。到年底，全县共组织生产互助组1 729个，参加农民户14 527户。

方正县互助组分临时插犋（指两家或几家农户合用牲口农具共同耕种土地）换工组、三大季节组、常年组三种。1949年，全县农村组织起来的临时互助组1 277个，参加农户12 213户；长年互助组722个，参加农户3 484户。到1950年末，全县互助合作组织又有新的发展，互助组达2 499个。1951年9月9日，中共中央召开第一次农业互助合作会议，通过了《中共中央关于农业生产互助合作的决议（草案）》，并在全国实行。1952年，互助组进入发展巩固阶段，全县已有11 306户农民参加互助合作组织。

2.初级社

1952年，县委根据党中央《关于农业生产互助合作的决议（草案）》的精神，首先在城厢区（方正镇）富兴村（今为方正镇城郊村）试办第一个农业生产合作社。1953年2月，全县在推广城厢区富兴村农业生产合作社试点经验基础上，在全县普遍试办农业生产合作社。在中央的“积极领导，稳步前进，只许办好，不许办坏”的方针指导下，通过试点，在全县具备条件的地方，共办起初级农业生产合作社17个，入社农户356户。初级农业生产合作社显示了合作的优势。在生产上统一经营，合理使用劳动力、畜力、劳动工具，实行按劳取酬。调动了社员积极性，提高了劳动效率。同时，公共财产和公共积累增长较快，已具备了较多的社会主义因素，初级社已属于半社会主义性质。

为宣传党在过渡时期总路线，1953年2月28日，中共方正县委召开村以上干部大会，由县委书记张振远宣讲党在过渡时期总路线。1953年12月20日，中共方正县委转发了中共中央宣传部《调动一切力量，把我国建设成为一个伟大的社会主义国家而斗争——关于党在过渡时期总路线学习和宣传提纲》，要求在全县掀起宣传贯彻总路线的学习高潮。

到1954年，全县已建立初级农业生产合作社147个，入社农户3 384户。至此，全县已组织起来走互助合作化道路的农户占全县总户数的91%。

3.高级社

随着初级农业合作社在全国的快速发展，农民生产积极性和劳动生产力不断提高，更高一级的农业生产组织的出现已成必然。

1955年7月31日至8月1日，中共中央在北京召开省、市、自治区党委书记会议，党中央毛主席在会上作了《关于农业合作化的问题》的报告。报告对我国农业合作化的历史，指导合作化运动的基本方针，包括自愿互利的方针，全面规划、加强领导、有准备分步骤发展的方针，以增产为标准的方针等，作了正确的总结和系统的阐述，并提出在我国的条件下必须先有农业合作化，然后才能使用大机器的重要观点。报告集中论述了加快农业合作化的紧迫性，强调国家工业化对商品粮和工业原料年年增长的需要，同农业主要农作物一般产量很低之间存在着尖锐矛盾，如果不基本解决农业合作化问题，就不能解决这个矛盾，就会使工业化遇到更大问题，就不可能完成工业化。为此，报告着重批评了农业合作化中的“右倾保守思想”，批评某些同志像“小脚女人走路”。报告强调在全国农村中，新的社会主义群众运动的高潮即将到来。1955年10月4日至11日，中共七届六中全会（扩大）在北京举行。根据毛泽东《关于农业合作化问题》的报告，全会讨论通过了《关于农业合作化问题的决议》。

方正县委在《报告》和《决议》精神引导下，在全县掀起了农业合作化（高级社）运动高潮。到1955年12月30日，全县有81个初级社过渡到高级农业合作社。到1956年2月，全县共建起85个高级农业生产合作社，参加农户为15 444户，占全县农户总数的98%，经营土地面积620 670亩，占全县总耕地面积的98%。

至此，全县农村基本完成了农业的社会主义改造，实现了由个体农民所有制向集体所有制的转变，全县农民也通过互助合作化和粮食统购统销的两条途径，实现了社会主义改造，完成了从半社会主义的初级社向完全社会主义高级社的转变，走上了社会主义道路。

1958年6月30日，毛泽东以国家主席名义公布《高级农业生产合作社示范章程》，规定高级农业社实行主要生产资料完全集体所有制，社员的土地必须转为集体所有，取消土地报酬，牲畜和大型农具作价入社，等等。

农业合作化的完成，实现了中国土地的公有制。

方正县社会主义三大改造

方正县自1909年建县以来就是一个农业县。解放前，方正县工业极端落后，只有少数手工业。1932年以后出现一些小手工作坊，产品多是铁木农具加工和农产品加工的米、面、油类等，都属自产自销，工商兼营。1937年以后出现了以机械为动力的小型制米制面粉工业，如“三华火磨”（面粉加工）、“公记烧锅”

（即，制酒厂）、“亨通米厂”等私营工业。1945年8月15日，日本投降后，方正县民主政府接收了上述3家私营企业，在此基础上，办起了国营地方工业。县政府设置工业科和县手工业联社等企业管理机构。加强了党和政府对手工业、地方国营工业和个体工业的管理。1949年新中国成立后，在党的统筹兼顾、全面安排、积极领导、稳步前进的方针指导下，私营工业恢复发展很快。1952年有私营工业215户，资金总额为83 242 060元（东北流通券），营业额为36 632 571元（东北流通券）。到1955年，全县已发展地方国营企业4家，总产值49.3万元；集体所有制企业发展到10家，总产值19.9万元；个体所有制企业164家，合作小组22个，总产值49.2万元。

1953年至1956年，在对私营工业社会主义改造期间，方正县个体手工业迅速转变为社会主义劳动集体经济。全县建立手工业生产合作社13个，占个体手工业生产者总数的96%，基本完成了对私人手工业的社会主义改造。从1958年起，又将手工业生产合作社进行升级、过渡、转产。到1960年，私营手工业户全部参加合营或合作组织，完成了对私营手工业的社会主义改造。

私营商业的社会主义改造。方正县建县初期，只有酒店、米店、杂货铺10余家。1945年日本投降后，私人商业有了一些发展。到1950年，全县有私人商业238户，从业人员393人，年销售额为10.69万元。到社会主义改造前的1955年，私人商业已达383户，从业人员646人，年销售额为580 497元，比1950年增长5.8倍。

1956年，方正县委、县政府对当时的383户私人商业进行了社会主义改造，实现了公私合营。将县城的私人商业重新进行了组合，组合后有百货商店6处、食品糕点店9处、合作商店8处、食杂店5处。将农村私营商业组成销售小组7户，从业人员8人；

合作商店64户，从业人员94人；双代店（采购、销售）30户，从业人员53人。有40人过渡到基层供销社工作。

从解放到新中国成立期间，方正县各行政区相继建立了供销合作社（生产合作社），不少村建立了基层供销合作社，1949年方正县供销联合社成立，负者领导基层供销社的工作。基层供销社是由社员集资入股的集体所有制经济，主要负责农业生产资料和农民生活资料的采购和供应工作。到1949年末，全县有基层供销社28个，职工206人，股金5.37万元，年均利润25.7万元。从1950年到国营商业、合作商业合并的几年间，供销合作社不断发展扩大，对城乡物资交流、满足人民生活需要，特别是满足农民生产资料的供应发挥了积极作用。

1956年2月30日，中共方正县委召开“完成私营工商业社会主义改造”大会，庆祝方正县对资本主义工商业社会主义改造的完成。

1956年5月10日，中共方正县委召开“庆祝方正县全面完成社会主义改造胜利大会”，大会号召全县人民乘胜前进，加快社会主义建设步伐，夺取新的胜利。

第三节 《方正县发展国民经济第一个五年计划》的制定与完成情况

到1956年，方正县生产资料私有制的社会主义改造全面完成。在农业、工业、商业、交通等诸多方面进行了全面恢复和卓有成效的社会主义建设，社会主义经济占据主导地位。

方正县发展国民经济第一个五年计划，是按照国家国民经济第一个五年计划的要求，结合方正县国民经济的客观实际积极稳妥编制的。

1956年3月26日至30日，召开中共方正县第一次党员代表大会，编制和通过了《方正县发展国民经济第一个五年计划的决议》。同年11月13日到16日，召开方正县第二届人民代表大会第一次会议，讨论了方正县第一个五年计划期间的各项经济建设任务。

“一五”期间，全县国民经济发展情况

到1956年5月，方正县生产资料私有制社会主义改造全面完成后，方正县人民开始全面经济建设，实施第一个五年计划。

农业方面。方正县种植的粮食作物有：谷子、玉米、水稻、高粱、糜子、小麦、大麦、稗子、荞麦、旱稻。豆类作物有：大豆、小豆、绿豆、黑豆、大芸豆。方正县土地改革完成后，积极发展粮食农业。播种面积1956年663 675亩，1958年588 255亩，1960年591 860亩。1956年，亩产126斤。到1958年，粮食总产量为75 229 000斤，比1949年总产量增加16 055 000斤，增长27%，粮食亩产量216斤，比1949年亩产增加65斤，增长43%；粮食总产量比丰收的1952年增加5 659 000斤，增加8%；粮食亩产比丰收的1952年每亩增加18斤，增长9%。

工业方面。解放后，县民主政府在接收伪满私营工业“三华火磨”（即面粉加工厂）、“公记烧锅”（即制酒厂）“亨通”米业的基础上，办起国营油酒厂（即榨油、制酒厂）。新中国成立后，为发展工业，县政府设置工业科和手工业联社等企业管理机构，加强对工业、手工业的领导，地方国营工业和个体手工业逐渐发展起来。自1949年建第一个地方国营油酒厂（榨油、制酒厂），到1955年发展到4个，建成酒厂、油米厂、铁木厂、皮革厂（即鞋厂），总产值达49.3万元。在1958年“大跃进”期间，方正县曾在一段时间内出现所谓“全民大办工业的高潮”，全县工业实现转产、过渡、转制，相继建成农业机械修配厂、砖厂、印刷厂等8家中小型地方国营企业，到1959年，全民所有制企业发展到11家，仅1959年一年内就发展24家。

国营商业方面。解放后，方正县第一个国营商业是贸易公司，成立于1949年初。该公司下辖土产、百货、食品3个公司。到1954年，方正县国营商业已发展到5个公司、2个商店、3个门市部。即：百货公司、食品公司、花纱布公司、专卖公司、土产公司；百货商店、土产商店；百货门市部、药材门市部、生产资料门市部。国营商业逐步占领市场，在经济发展中起到了主导作用。接着在1956年全县完成对383户私人商业的社会主义改造，实现公私合营，使社会主义经济成分比重发生了变化。同时又相继建起了药材公司、饮食公司、服务公司、五金交电公司、石油煤炭公司。至此全县国营商业已拥有8大公司，36个门市部，340多万元资产，1 300多人的职工队伍，而且商品零售额不断增加。1956年全县商品销售总额6 747 千元，到1960年“一五”末期，商品销售总额为17 432千元，比1956年增长了近3倍。

财政收入方面。“一五”初期，1956年全县财政收入1 647千元，其中税收451千元。到“一五”末期，1960年实现财政收入4 570千元，其中税收1 637千元，增长近4倍之多。

国民经济第一个五年计划完成情况

全县各级党组织、党员、干部和广大人民群众以十足的干劲和创造性的工作，提前并超额完成了本县国民经济发展的第一个五年计划。

1957年末统计，计划中的各项指标任务已被基本提前完成。工业总产值实现26.5万元，农业总产值实现950万元，工农业总产值达1 215万元，是历史上最高年份1952年的326%。工业产品品种数量有了很大增加，产品质量不断提高，产品成本不断下降，已提前完成了方正县发展国民经济第一个五年计划任务。

1958年，农业总产值达15 015万元，完成全县“一五”计划指标的122.4%；工业总产值达555.3万元，完成计划的209%；手工业总产值达98.4%，完成计划的109.3%。工业总产值在工农业总产值中的比重，由1952年的8.2%增加到26.96%。工业经济在县域经济中的比重大幅增加，开始迈入以农业为基础、工业为主导的发展战略轨道。

“一五”计划最后一年，1960年底，农业总产值达730万元，工业总产值达777.8万元，工业总产值占工农业总产值的51.5%，较1958年高出24.55%。国营商业方面，完成了商品销售额684.1万元，完成计划的103%，较1956年提高了33.2%。到1960年底，完全中学、初级中学和初级专业学校已发展到11所。在校学生2 116人，比1958年增长191.5%。小学校发展到102所，在校学生18 944人，比1958年增长54.3%。1960年底，方正县县级医院和公社卫生院发展到11所，生产大队卫生所、保健室由1958年的8所发展到63所。有效控制了各种疾病，保护了人民群众的身体健康。其他，文化、体育、广播、档案等方面事业都有相应的发展和一定程度的提高。

方正县“一五”计划的完成，对“二五”计划的制定和实施，起到了奠基和借鉴作用。

第四节 “大跃进”、人民公社化运动

“大跃进”运动

开展“大跃进”运动，是在批评反冒进和酝酿、制定社会主

义建设总路线的过程中发动起来的。

1958年5月5日至23日，中共八届三中全会在北京召开。刘少奇代表中央作政治报告。会议通过了“鼓足干劲，力争上游，多快好省建设社会主义”的总路线。总路线为走中国特色的社会主义道路明确了方向和方针。成为时称“总路线”“大跃进”“人民公社”为“三面红旗”中的首面红旗。也成了“大跃进”、人民公社运动的号角。会议充分肯定已经出现的“大跃进”形势，认为我国正在经历马克思所预言的“一天等于二十年”的伟大历史时期，经济文化事业完全能够以远远超过西方发达国家的速度发展。

中共八大二次会议通过了社会主义建设总路线。在“农业以粮为纲，工业以钢为纲”的口号下，全县行动起来，出现了高指标、高估产问题。在1958年秋收期间，大搞“丰产田”和亩产万斤的“卫星田”。

为了改良土壤，全县农民日夜奋战，大搞深翻耕地运动。在深翻会战中采取人海战术，就连机关干部和中小学生也都加入会战中来。场面十分宏大，白天是红旗飘扬人欢马叫，机械轰鸣；晚上是挑灯夜战到天明，弄得人困马乏。深翻的本来目的是疏松土壤和消灭地下害虫，有利于第二年春播保墒，但田没有按科学要求深翻，反而认为翻地越深越好，深翻深度竟达70~80厘米，结果将地下黄土翻上地表，使深翻地块的粮食产量反而下降。

为了贯彻党的八大二次会议提出的“工业以钢为纲”精神，全民开展大炼钢铁运动，中共方正县委于1958年9月4日，抽调800名农村劳动力，分赴全县山区进行找矿、探矿，开发矿石资源。有的生产队把农户家的铁锅（在公共食堂吃饭，各家不再生火做饭）、生产用的犁铧等铁制生产工具送去炼铁。全县共建起

"土洋炉"3座、"小土炉"20座。冶炼时白天浓烟滚滚，晚间火光冲天。但没有维持多久，终因矿源、技术、设备等脱离实际，而熄火停炉，全部下马。

在"大跃进"运动中，出现了违背客观经济规律、大规模群众性蛮干的现象。1958年，方正县曾在一段时间里，出现了"全民大办工业"的高潮。

人民公社运动

1958年9月25日，在全省掀起人民公社化运动高潮中，县委决定在方正镇建立第一个人民公社——红旗人民公社。书记由张治国担任，社长由李洪斌担任。

1958年12月1日至3日，方正县第三届人民代表大会第二次会议召开。县长王钧武作了《关于建立人民公社的报告》，大会通过了《关于建立人民公社的决议》。至此，方正县人民公社化运动高潮正式开始。

1959年1月30日开始，在继方正镇建立红旗人民公社之后，全县出现了联乡并社（合作社）的热潮。在短时间内，相继建立了新农村人民公社（原会发恒乡）、新天门人民公社（原天门乡）、新生活人民公社（原大罗勒密镇）、宝兴人民公社（原宝兴乡），加上原先建立起来的红旗人民公社（原方正镇），共五大公社。共有生产大队70个，生产队319个，入社农户19 437户，占全县总户数的98%。方正县实现了人民公社化。

人民公社的体制是政社合一。原乡镇机构撤销，同时组建公社党的委员会。重新组建的五个公社特点是"一大二公"。所谓"大"，是将1958年时的2镇10乡合并成5个大公社，将原来几百户的合作社合并成几千户的大公社，人口由几千人合并成上万人口的大公社。所谓"公"，就是将原来经济条件，贫富程度不同的合作社合并后，一切财产、生产资料都归公社集体所有，以公社为基本核算单位，统一分配。这就造成了原合作社与合作社之间的严重平均主义。公社成立之初，为增大共产主义因素并提出了“一步登天，迈进共产主义”的口号，为此，全县大搞生活集体化、生产劳动军事化，并实行部分供给制。随着“大跃进”和人民公社化运动形式的发展，农村生产队学习外地经验，开始建立“共产主义大食堂”，吃大锅饭并被认为是“共产主义萌芽”。以高指标、瞎指挥、浮夸风和“共产风”为主要标志的“左”的错误开始严重泛滥起来。方正县当时以生产队为单位公办公共大食堂319个。这种食堂为表现人人平等，供给的饭菜一律实行统一的标准和数量，不分男女老少，不管劳动力和非劳动力，不分体强体弱，不分病人，没有特殊照顾。粗粮区，一律粗粮，每餐一饭（苞米碴子或玉米面窝头）、一菜（白菜汤或萝卜汤），早饭2点开饭，午饭劳动力社员在田间，由食堂送到地头，其他非生产人员在食堂就餐。全部实行定量供应，多数人吃不饱。这种大食堂，体现的根本不是共产主义精神，而是人性化缺失，引起广大社员群众强烈不满。

在“共产风”的吹刮下，相当多的干部认为私有财产越少、商品交换越少越接近共产主义。在这种错误思想指导下，社员家的自留地、农村集市贸易、家庭副业一律当成“资本主义尾巴”，全部被取缔封杀。有的公社社员自养的家畜、猪、羊等也都被收归到生产队统一饲养，有的社员房屋也被占用，这些其实就是对社员私有财产的剥夺，使他们的权益受到侵害。也有不少干部认为生产队已办起了“共产主义大食堂”，各户家中就不应存有余粮，于是挨家挨户地将成立公共食堂前剩余的口粮全部搜去交给食堂。这种竭泽而渔的做法引起人民群众的恐慌，使他们对原来心目中的共产主义感到陌生，引发他们对党的信任危机。这些危害极深的过“左”行为，造成了群众对共产主义的曲解。

1958年秋冬之间，党中央开始发现“大跃进”和人民公社化运动出现了很多问题。1958年11月党的八届六中全会通过了《关于人民公社若干问题的决议》，会后，各地普遍开展了整顿人民公社工作。

1959年3月26日至30日，中共方正县委召开四级干部会议（县、社、生产大队、生产队），会议通过了县委《关于调整、巩固人民公社的决定》。规定，人民公社现阶段仍应保留按劳分配制度和商品生产和商品交换。不能立即实行全民所有制提前进入共产主义，在体制上实行队为基础、三级核算、三级管理。会后，县委立即派出工作组到各公社督促协助调整和巩固人民公社工作。同步纠正“一平二调三收款”的“共产风”。

第五节　十年内乱

“文化大革命”的发起

中共中央《五一六通知》下发后，中共方正县委于1966年5月29日至6月2日在县城召开中共方正县第五次党员代表大会。县委书记于鲜麟代表县委作题为《高举毛泽东思想伟大旗帜，加强党的工作，为把我县建设成为政治巩固、经济繁荣、文化发达、生活富裕的社会主义新农村而奋斗》的报告。报告中指出：“全党要深入开展‘文化大革命’，突出政治，大学毛主席著作，坚持阶级斗争和两条道路斗争，反修防修，进一步提高党的战斗力。要狠抓农田和多种经营基本建设，争取农业的稳步高产。”

于鲜麟在代表县委所作的报告中，首次向全县发出了开展“文化大革命”的号召。6月1日，中共方正县委根据《五一六通知》精神，发出《关于在全县开展无产阶级文化大革命的通知》。6月2日，中共方正县委召开各党委书记会议，部署在全县开展“文化大革命”。

“五七”干校

方正县革命委员会根据毛主席的“五七指示”和《人民日报》关于“广大干部下放劳动，接受贫下中农再教育”的号召，仿照省革委在柳河创办“五七”干校的经验，于1968年10月5日，决定在方正县双凤水库建立县“五七”干校。原方正县委组织部副部长高永信为“五七”干校负责人。到1969年底，已有200余名干部下放到“五七”干校参加生产劳动。这部分干部经过劳动锻炼，陆续被调回，有的回原单位，有的另行安排工作。

1972年1月30日，方正县革命委员会根据中共松花江地委指示，停办在双凤水库的县“五七”干校，迁入县城恢复县委党校。

1973年12月30日，中共方正县委根据松花江地委撤销“五七”干校是“路线回潮”的指示，决定撤销党校，在双凤水库重新建立“五七”干校，继续轮训党员干部。

1979年3月25日，方正县委根据中共中央《关于恢复各级党校的决定》，决定停办县“五七”干校，并在干校基础上重建方正县委党校。尚世旭为党校副校长。分期分批轮训党政干部。

第六节　工业学大庆、农业学大寨

工业学大庆

新中国成立后，国家投入大量人力、物力进行石油勘探和开发。1959年9月，钻探人员在松嫩平原找到了储量相当大的工业油流，因国庆10周年临近，人们将这里的油田命名为“大庆油田”。经三年多时间、三万多人参加的石油会战，建成大庆油田，形成了年产600万吨原油生产能力的大油田。我国基本实现了原油自给，结束了中国人依靠进口“洋油”的历史。在油田开发最艰苦的时期，以王进喜为代表的大庆石油工人、科学技术人员和干部，吃大苦，耐大劳，公而忘私，奋力拼搏，表现出了20世纪60年代中国工人阶级的时代风貌，他们“宁肯少活二十年，拼命也要拿下大油田”的牺牲精神，他们“有条件要上，没有条件也要上”的奋斗决心，感动和教育了几代人。

1964年，党中央和毛主席提出了“全国工业学大庆”的伟大号召。在整个工业战线，涌现出一批学习大庆的先进单位和先进个人，产生了许多大庆式的企业。

方正县工业经营体制有私营工业、地方国营工业、二轻工业、乡镇工业四类。私营工业为个体工业、手工业，属个体私营经济；地方国营工业为地方所有制工业，属全民所有制经济；二轻工业是1956年在“农业、手工业、资本主义工商业社会主义改造”过程中，以手工业为基础发展起来的集体所有制企业，属于劳动群众集体所有制经济； 乡镇工业是1958年“大跃进”形势下出现的以人民公社、生产大队为主体的集体所有制经济。

1971年3月1日，中共方正县委召开工业学大庆工作会议。会议总结了方正县工业学大庆的经验和成就，进一步明确了工业学大庆的方向，落实了任务，制定了措施。

1974年4月12日，中共方正县委召开“工业学大庆”四级干部会议，讨论落实了《全县工业学大庆的规划》。

1977年12月，方正县邮电局、方正县印刷厂被松花江地委、行署命名为大庆式企业。

1978年5月4日，中共方正县委再次组建农业学大寨、工业学大庆工作队，共下派工作队43个，总人数212人。其中农业学大寨工作队30个，工业学大庆工作队13个。

1979年1月，中共方正县委召开工业学大庆、农业学大寨先进集体、劳动模范代表会议。会上全县14个先进集体，65名劳动模范在大会上受到表彰和奖励。

方正县工业基础十分薄弱，在“工业学大庆”群众运动推动下，在20世纪60年代原有工业厂家的基础上，又陆续建起了造纸厂、橡胶厂、电子专用设备厂、电器厂、塑料厂、制药厂、人造板厂、细木工板厂、亚麻原料厂、制糖厂、印刷厂、汽车大修厂等。

至1978年底，全县工业总产值已达1 452万元。

农业学大寨

大寨位于山西省太行山麓海拔1 000多米的山区。这里自然条件恶劣，土地贫瘠，全村耕地被沟壑切割成无数小块，分散在七沟八梁一面坡上。大寨人在党支部书记陈永贵带领下，从1953年开始，用5年时间，改造了全村7条大沟，把深沟变成了良田。他们总共垒起来15里的180多条大坝，将300多亩坡地变成了水平梯田，将4 700个分散地块修整成了2 900块，还增加了80多亩好地。1962年，在全国严重困难的年景下，大寨粮食亩产竟达到774斤，高出同县平均产量530斤，一亩等于别人的三亩半。这就是大寨人凭自己双手，苦干、实干、拼命干创造的奇迹。

1964年12月，周恩来在三届全国人大一次会议的《政府工作报告》中，发出了“工业学大庆，农业学大寨，全国学人民解放军”的号召，并把大寨精神概括为：“政治挂帅、思想领先的原则，自力更生、艰苦奋斗的精神，爱国家、爱集体的共产主义风格。”从此，农业学大寨运动在全国开展起来。

方正县农业学大寨运动兴起于20世纪60年代中期，1965年7

月30日，中共方正县委召开三级干部会议。会议上就“四清”和开展社会主义教育运动问题交流了经验，同时以大寨为榜样，制定了适合于方正县实际的发展措施。会议决定在全县农村掀起农业学大寨，创“五好”社员、“五好”生产队的竞赛活动。

1966年1月28日，中共方正县委组织各公社领导和县直机关部门领导去省参观全国大寨式农业典型展览馆。

1966年5月，“文化大革命”的潮水冲击了全县各个领域，全部卷入到“文化大革命”运动中，农业学大寨运动由此搁浅。

1972年1月10日至18日，方正县革命委员会按照省、地革委会召开农村工作会议。重点解决农业学大寨和加强农村思想政治工作问题。农业学大寨被重新纳入县里工作日程。

1974年1月6日至9日，方正县革委召开农业学大寨先进集体、劳动模范代表大会，会上有301个先进集体和468名劳动模范受到表彰。会议通过了《全县总动员，大批促大干，粮食过黄河，贡献翻一番，三项上“纲要”，回答第五年》的战斗口号。

1975年9月26日，中共方正县委书记邵长溥参加全国农业学大寨会议。10月22日至30日，县委召开全县四级干部会议，邵长溥在会上传达了全国农业学大寨会议精神，并作了题为《全县总动员，苦干两年，为建设大寨县而奋斗》的报告。会后，在全县掀起了农业学大寨和对各方面整顿的高潮。

1977年3月，中共方正县委从全县各单位抽调108名干部组成农业学大寨工作队，深入全县10个公社、28个薄弱大队开展党的基本路线教育，带领群众学大寨。

1977年12月12日至14日，中共方正县委召开农业学大寨工作会议。传达全国普及大寨县会议精神。集中讨论了农业学大寨和加强农业发展问题。县委书记姜方作了题为《全党动员，认真学大寨，实现农业发展高速度》的报告。号召全县远学大寨，近学沿江（方正县天门公社沿江大队，今天门乡沿江村），加快建设大寨县步伐。据统计：全县1970年粮食产量比1949年增长14%，1977年粮食亩产量380斤，比1976年增长11%。

1978年5月4日，中共方正县委再次组建“农业学大寨、工业学大庆”工作队，共下派工作队43个，总人数212人。其中农业学大寨工作队30个，工业学大庆工作队13个。30个农业学大寨工作组深入全县12个公社、28个生产大队、2个良种场协助开展农业学大寨工作。

截止到1978年底统计，全县土地面积已达47.7万亩，其中集体土地面积43.4万亩。全县总人口18.6万，其中农业人口11万。全县区划为14个人民公社，132个生产大队，389个生产小队。拥有大中小型拖拉机481台，役畜9 416头，农村劳动力24 769人。

其中有方正镇、天门、宝兴、永建四个公社粮食生产“过黄河”；有红旗、朝阳（今，德善乡）、松江（今，得莫利镇）、永丰（今，已合并到会发镇）、奋斗（今，已合并到德善乡）五个公社粮食生产“上纲要”。有44个生产大队、106个生产小队“上纲要”，有43个生产大队、134个生产小队“过黄河”，有3个生产大队、14个生产小队“跨长江”。

根据建设大寨县六条标准衡量，全县有天门、永建（今，已合并到宝兴乡）、宝兴三个公社建成大寨式公社，有20个生产大队和67个生产小队建成了大寨式生产队。

第五章　伟大的历史转折改革开放新时期

第一节　方正县的拨乱反正

中国共产党第十一届三中全会于1978年12月18日至22日在北京举行。这次会议使中国共产党领导的全国在历史上具有历史性转折，结束了十年内乱以后党的工作使国民经济两年徘徊不前的局面，是全面拨乱反正、开创未来的会议。会议确定的党的工作重点转移到社会主义现代化建设上来，制定的“解放思想，改革开放，团结一致向前看”的战略方针，受到了全国人民的一致拥护。

党的十一届三中全会以后，党开始拨乱反正，调整社会关系工作，有计划地、逐步地解决了新中国成立以来历史遗留的诸多问题，全面平反了内乱期间造成的许多冤、假、错案，整顿了社会秩序，使国家在政治上和经济方面出现了好的转变。

1979年1月17日至19日，中共方正县委召开常委（扩大）会议，传达学习党的十一届三中全会和中央工作精神，传达黑龙江省委、松花江地委会议精神。会议通过十一届三中全会精神的学习和讨论，一致拥护党中央“关于把全党工作重点转移到社会主义建设上来”的战略决策和会议通过的各项决议，表示坚决贯彻执行。党的十一届三中全会精神的传达和贯彻，使方正县的广大党员、干部和群众，从"左"的思想束缚下和"右"的僵化思想框框中解放出来，开始了由政治型社会向经济型社会的转变。

至1979年7月，方正县在十年内乱所产生的冤假错案503件全部得到纠正，为错纠乱斗遭受批判的228名干部恢复了名誉，并妥善安排了工作；57名被错划的右派、59名被错定的中右得到改正，按政策落实了工作和生活待遇，为232名守法的四类分子摘了帽，为5 023名地富子女改变了身份。

党的十一届三中全会以后，党把工作重点转移到社会主义现代化建设上来。但当时由于"文化大革命"造成的重大比例失调问题却仍然十分严重。党中央为了国民经济能够健康有序全面协调的可持续发展，于1979年4月召开了以解决比例关系严重失调为主题的中央工作会议。会议制定了用三年时间，对国民经济实行"调整、改革、整顿、提高"的八字方针。

1979年9月5日到9日，中共方正县委召开工作会议，传达全国人大五届二次会议精神和领导讲话。会议重点讨论落实"调整、改革、整顿、提高"方针和如何把方正县国民经济搞上去，加速四个现代化建设问题。

方正县委按照十一届三中全会精神，彻底改变思想方法和工作方法，迅速把全县的工作重心转移到经济建设上来，从而实现了全县党的建设和各项工作的战略转移，从"以阶级斗争为纲"彻底转变为"以经济建设为中心"，从而迈入了以改革开放为旗帜和标志的中国改革开放新时期。

第二节　经济体制改革，实行开放搞活

在1978年党的十一届三中全会以前，方正县农村实行公社化管理体制，分配形式是大寨式的评工记分制的“大锅饭”，工作方式是“大帮哄”“卯子工”，生产经营模式在单一的农业生产中只准搞“以粮为纲”，不准全面发展，严重影响和局限了农业生产力的发展，使方正农村经济一直在低水平徘徊。

1978年党的十一届三中全会以后，方正县经济体制改革首先在农村进行，对农业生产关系重新调整。以联产承包为基础的各种生产责任制，在全县各公社大小队逐步推广开来，并收到显著成果。全县多数社队，开始实行“小段包工，定额管理”，初见成效。到1981年，在部分生产队中实行了“分组作业，联产计酬责任制”。

1982年初，方正县根据《全国农村工作会议纪要》精神，首先在大罗勒密公社和红旗公社（现松南乡）的20个“三靠”队试行“大包干”生产责任制，经过一个生产周期的实验，大包干大见成效。

1982年9月党的十二大以后，经济体制改革迅速在全国范围内全面展开。在全国改革形势的推动下，大包干（家庭联产承包）生产责任制得到推广。到1983年10月统计，全县有437个生产队实行了家庭联产承包责任制，占全县生产队总数的97.5%，落实包干耕地面积457 786亩。

开始时，土地承包期一般为三至五年。1984年《中共中央关于一九八四年农村工作的通知》中规定：“土地承包期一般应在十五年以上。”1995年3月28日，国务院批转农业部《关于

稳定和完善土地承包关系的意见的通知》中又规定："把土地承包期再延长30年。"

农村生产关系的调整和改革，调动了广大农民的生产积极性，提高了生产力水平，给全县农村带来无限生机，使粮食生产稳定增长。承包前，全县粮食总产最高是1975年，总产达15 100万斤。全面承包后，1984年是15 700万斤，1985年达到18 000万斤。粮食商品量有很大提高，1984年为6 094万斤，1985年为7 800万斤。在农业产值上，承包前的1978年为2 808.6万元，承包后的1985年为6 460万元。农村人均收入，在承包前最高仅为128元，承包后的1984年为364元，1985年为377元。同时，农业机械化也有所增加，承包前全县有大中小型拖拉机807台套，承包改革后1985年达到1 622台套，增加1倍。并在全县农村废弃了几十年来沿袭使用的石磙、石碾、石磨等原始石制生产工具，实现了农村生产机械化。在非农业经济方面，随着农村经济体制改革的逐步扩大与深化，开始出现从纯农业经济生产的种植业分离出来的养猪专业户、养牛专业户、养羊专业户、养鸡专业户、养鱼专业户等大中小2 441户，占总农户的10%，专业户中年收入超万元的有40户，人均收入超1 000元的有400余户。农村副业经济逐步成为农村经济的重要组成部分，方正县农业经济开始从纯农业生产型经济向农村混合型经济发展。

工业经济体制改革方面。在党的十一届三中全会后，中共方正县委落实"调整、改革、整顿、提高"的方针，对由于"文化大革命"的冲击和破坏，方正县一些企业的领导干部被打倒、靠边站，一些技术人员被当成"资产阶级反动技术权威"被批判，工人停产"闹革命"，使地方国营工业、手工业、社队企业处于停产、半停产状态，产品质量、产量下降。许多工厂企业出现严重亏损状态。仅1972年一年工业企业亏损626万元。县委根据党中央提出的对国民经济实行“调整、改革、整顿、提高”的八字方针，对方正县工业企业进行体制改革。首先，1979年12月8日，中共方正县委下发《关于扩大工业企业经营管理自主权若干问题的规定通知》，要求企业整顿工作重点是在工业企业推行经济责任制，在坚持公有经济为主体地位并使之发展壮大的前提下，努力发展多种成分逐渐提高在工业产值重点比重。其次，实行政企分开，实行所有权和经营权适当分离，改变统收统支的国有企业经营方式。再次，改革计划经济管理体制，逐步走社会主义市场经济调控道路。最后，对财政、税收、金融、价格、商业等方面的管理进行不同程度的改革。

通过调整、改革，将1978年前的31家全民所有制工业企业中，不具备生产条件和产品无销路的亏损工业企业实行关、停、并、转，最后保留15家，集体所有制企业发展到89个，共104个。其中有省属企业1个，县属企业29个，乡镇所属55个，其他19个。同时，根据省政府《关于适当发展城镇个体工业户若干问题的规定》，全县个体工业到1985年发展到492户，实现产值503万元。工业行业主要有原煤开采业，木材加工业，红砖、白灰为主的建材业，制酒、饮料、食品等项目。

党的十二届三中全会通过的《中共中央关于经济体制改革的决定》，为全县农业和工业生产松了绑，逐步打破了计划经济体制的禁锢，提高了农业和企业员工的积极性，促进了农业和工业的发展。据统计，1977年全县农业总产值815万元，工业总产值2 418万元，全年职工工资总额637.5万元；1978年农业总产值2 808.6万元，工业总产值2 437万元，全年职工工资总额823.9万元。到1985年底统计，全县工农业总产值达到8 194万元，比1980年增长52%，其中工业总产值为3 094万元，农业总产值5 100万元，粮食总产量18 343万斤，出售商品粮72 469万斤，粮食亩产由1976年的273斤增长为446斤，农民人均收入由土地承包前最高的128元，增长到373元。

商业体制改革，商贸经济得到新发展。首先打破独家经营的局面，实行多种经济并存。到1985年，国营商业拥有8大公司，1 300多职工，年销售额1 480万元；供销商业有县社直属4个公司、1个综合商店、15个基层供销社、52个供销点，760多名职工，年销售额2 400多万元；集体商业24户，从业人员322人，营业额106万元；个体商业发展到2 614户，从业人员3 487人，销售额达968.4万元。

第六章　革命老区建设

第一节　老区建设与发展

解放后，全县人民继承革命老区光荣传统，弘扬老区革命精神，积极参加土地改革，支援剿匪斗争、解放战争和抗美援朝，并作出重大贡献。中华人民共和国成立后，方正县人民在党和政府的组织领导下，又积极参加经济建设，促进了工农业生产发展，人民生活得到不断改善。但在一个较长的时期内，由于受“左”和“右”思想影响及计划经济的束缚，特别是十年“文化大革命”，使经济发展在探索和徘徊中艰难前行，农业生产和农民生活水平的提高受到了很大限制。党的十一届三中全会之后，随着改革开放的不断深入，全县经济形势发生巨大变化。农村土地改革逐步实行了多种形式的生产责任制，城镇也进行了经济体制改革，冲破了单一经济模式，摆脱了平均主义分配方式，进一步调动了工人和农民的生产积极性。全县工农业生产规模、生产水平和生产效益都有了长足进步和跨越式发展，农村面貌和农民生活质量也都有了显著的改善与提高。

改革开放以来，不断实施强县战略，特别是在1994年全面实施《国家“八七”扶贫攻坚计划》以来，方正县委、县政府进一步提高认识，加强领导，不断深化改革、扩大开放，全面推进老区开发建设，改变老区经济状况，为提高老区人民生活质量做出了不懈努力。

旅日侨乡建设稳步推进，稻香新曲谱写中日友好华章。

深入实施特色农业富县、规模工业强县、生态旅游兴县战略，强力推进哈佳次中心城市建设。

山水园林城市建设初见成效，2009年顺利通过验收，成为全国6个国家级生态示范区之一。

实施乡村振兴战略，美丽乡村建设走向文明富庶。“北方侨乡、生态方正”城市品牌更具影响力。

到“十二五”末期，全县地区生产总值实现66.4亿元，人均GDP达到4 550美元，地方财政一般预算收入达到32 856万元，城镇居民可支配收入和农民人均收入分别达到19 128.6元和11 265.7元，社会商品零售总额达到31.7亿元，农业现代化、工业园区化和城镇化得到同步推进，经济和社会发展、民生和环境改善协调统一，经济效益和社会效益、环境效益得到不断改善。

2018年大力实施乡村振兴战略，实现地区生产总值64.4亿元。地方公共财政预算收入1.8亿元。社会消费品零售总额38.5亿元。城镇居民人均可支配收入23 379元；农村常住居民人均可支配收入13 994元。

实施水稻强县建设，推进农业和农村经济大发展

方正县是传统农业县份，种植业结构比较单一，过去主要以水稻、玉米、大豆、高粱、谷子等为主。1981年，日本水稻专家藤原长作先生到方正传授水稻旱育稀植技术，连续三年进行万亩千斤攻关实验获得成功，使粮食产量由原来1982年的亩产160公斤猛增至500公斤，完成水稻生产第一次革命。水稻旱育稀植技术，改写了中国水稻栽培史。方正县水稻种植面积由1982年的5.6万亩扩大到2015年以后的85万亩。方正县逐步开始向水稻品种优质化、产品绿色化、生产特色化、技术推广化、布局区域化和经营产业化推进，全面推进水稻生产先进技术。水稻种植面积已占耕地面积80%。水稻总产量及总产值均占粮食总量的95%以上。

1989年，方正县被省政府授予“农业生产先进县”荣誉称号。1990年获得“黑龙杯”金杯奖。

1997年，县委、县政府围绕林茂粮丰、畜旺企兴、县强民富战略目标，实施农村产业化战略，推动水稻强县建设战略目标，加强水稻产业建设，以基地、龙头、品牌为重点，提升产业化水平，发展特色农业，增加农民收入。县委决定从1997年开始利用三年时间把本县建设成水稻强县，使水稻种植面积占耕地面积的80%以上，产值占农业产值的70%以上。1999年，县政府突出“水稻强县、木器名城、银鲫基地、林蛙之乡、旅游新区”五大重点产业建设，水稻种植面积扩大到90万亩，富硒水稻技术开始推广，1999年被国家授予“中国富硒大米之乡”荣誉称号。方正县成为全国寒地水稻旱育稀植技术发源地，水稻之乡。在粮食产量不断增加的基础上，抓住质量效益这一中心，以科技为先导，以产业化为主线，坚持打绿色牌、精品牌，绿色水稻面积发展到35万亩，有机水稻达8万亩，经国家绿色食品管理部门严格检测，自2002年起，方正县承担了国家绿色水稻良种繁育项目。1987年—2001年，方正大米先后作为党的十三大、全国科学技术大会、北京世界大学生运动会专用食品。2005年3月，方正大米以其独特的品质和良好的生长环境，顺利通过国家原产地域产品保护专家审定，成为继辽宁盘锦、黑龙江五常之后，全国第三个大米原产地保护产品。2008年，方正县被农业部绿色发展中心批准，创建50万亩“全国绿色食品水稻原料标准化生产基地”。到2010年，方正县绿色水稻种植面积达到50万亩，认证有机水稻8万亩，水稻优质品种率达到100%，绿色食品稻米的售价高于普通稻米的20%以上，带动农民增收1 000余万元，水稻年产量3亿公斤。

县委、县政府致力于水稻产业化龙头企业建设，到2010年，已建成规模企业20多家，订单面积达二三十万亩。其中“绿宝石”“秋然”等龙头企业，开发出有机大米，带动全县稻农种植有机水稻，农户每亩有机水稻可比绿色水稻增收500元以上。2009年末，方正县引进“东方集团”，成立“东方集团（方正）粮油食品有限公司”。东方集团投资2.5亿元建稻米加工园区，有6个乡（镇）21个村的农户与东方集团签订水稻种植收购合同，订单面积达10万亩，东方集团以高于市场价0.08元的价格收购订单水稻。

2010年在北京钓鱼台国宾馆举办方正大米推介会。2011年方正大米证明商标注册成功。

方正县成为全国大米原产地域保护县份、全国测土配方施肥示范县和全省无公害农产品整县推进县。

大力发展现代农业，加快新农村建设步伐，2011年开始建设水稻现代化园区，推进水稻标准化生产，引领现代农业发展示范工程，不断提升水稻产业。

“十二五”期间不断加大水稻生产基地建设，发展壮大龙头企业，实现从水稻原粮粗加工小县向稻米深加工产品输出大县转变。

方正大米连续多年被中国粮食协会评为“放心米”，畅销30多个省（市），并出口到海外俄罗斯、南非等国家。

2015年开始推进美丽乡村建设，当年完成25个样板村的建设，促进了农村经济和社会事业的全面发展。

农业生产方式的变革，带来农业生产的勃勃生机，农业经济以年均28.1%速度增长。

加快农业基础设施建设，防洪、灌溉、除涝、水土保持能力不断增强。耕地、播种、脱谷、运输和加工机械化程度达100%，被省、市评为水稻全程机械化先进县和机械化工程先进县。农田水利事业健康发展，30年间，农田水利建设总投资近10亿元，建成调洪能力4 200万立方米的双龙中型水库，建成各类桥、涵、闸、渠道设施300余处，完成了水稻主产区规范化渠系网络与水田机灌为一体的供水保障体系建设。

2016年，是“十三五”规划开局之年，农业经济持续健康发展。全县农林牧渔业总产值实现40.47亿元（“一五”末期农业总产值730万元），其中农业产值30.05亿元，粮食产量11.27亿斤（“一五”末期粮食总产量为6 003万斤）；林业产值2.93亿元；牧业产值7.9亿元；渔业产值1.78亿元；农林牧渔服务业产值0.38亿元。农民人均纯收入12 167元（“一五”末期农民人均收入57元）。建成“一带八区”现代农业示范工程，实施千亿斤粮食产能、土地整理、节水增粮等农业基础设施项目47个，发展农民专业合作社494个，农业综合生产能力得到整体提升。

实施工业强县战略，工业经济逐步发展

解放前，方正县工业经济十分落后，只有少数几家私营的烧锅（酒坊）、油坊、杂货铺、打铁炉及小型铁木加工作坊。解放后，工业经济得到逐步发展。自1949年建第一个地方国营油酒厂，到1955年发展到4个，总产值49.3万元；集体所有制企业发展到10个，总产值19.9万元，个体所有制企业164个，总产值49.2万元。1958年方正县曾在一段时间内出现所谓“全民大办工业的高潮”，全县手工业实行转产、过渡，到1959年全民所有制企业发展到117个。在1960年到1962年三年国民经济调整期间，方正县全民所有制企业和集体所有制企业实行关、停、并、转，使地方国营工业和二轻集体工业的结构日趋合理。调整后，全民所有制企业12个，恢复手工业合作社28个，全县工业经济开始稳步发展。1966年后，由于“文化大革命”影响，一些工厂企业领导干部被夺权、靠边站，一些技术人员被当成“资产阶级技术权威”批判。工人停产“闹革命”，国营工业、手工业、社队工业均处于停产、半停产状态，产品质量逐年下降。许多工厂企业亏损。据1972年统计，全县工业亏损额达625万元。

1978年，特别是党的十一届三中全会后，贯彻“调整、改革、整顿、提高”的方针，全县工业又逐步发展起来。到1985年全民所有制企业发展到15个；集体所有制企业89个，共计104个。其中省属1个，县属29个，乡镇所属55个，其他19个。主要行业有以原煤开采为主的矿产采掘业；以木材综合利用为主的木制加工业；以制酒、饮料、食品为主的农副产品加工业；以红砖、白灰为主的建材工业。每年产原煤20万吨；白酒、果酒1 000吨；人造板600立方米；白灰1万吨；红砖4 000万块；高档家具2 000套。随着经济体制改革和经济政策放宽，作为社会主义经济补充的个体工业迅速发展，到1985年全县个体工业企业已达492个，全县城乡开始形成以修理和家具制作及以食品加工业为主的新兴个体工业，起到拾遗补阙、活跃市场、方便群众、发展经济的作用。

1986年，全县工业企业发展到124家。至2005年全县工业企业发展到769家，工业总产值实现121 137万元。

1986年至1990年，工业以发展和完善工业企业机制为重点，实行经理任期责任制，全面推行承包经营。县乡工业在深化改革的基础上，调整乡镇企业发展战略，县乡工业保持速度与效益同步增长势头。1990年实现工业总产值1.14亿元。

1991年至1995年，坚持把工业作为经济发展战略重点，突出技术开发，上速度，增效益。完成技改开发项目50项，总投资6 545万元，新增固定资产4 350万元。初步形成以细木工板、铅笔板、地板块、卫生筷为主产品的木材加工业；以煤炭、石英砂为主产品的采掘业；以环状糊精为主产品的生物化工业；以精密偶件、火车高压喷油嘴为主产品的机械加工业；以红砖、白灰为主产品的建筑建材业；以白酒、啤酒、饮料为主产品的酒饮加工业等六大主导行业和80余种产品的工业体系。1995年工业实现总产值2.37亿元。

1997年开始，全面实施“百千亿”工程，即每年要新投产100个工业项目，增加1 000万元税收，创造1亿元产值。争取在3—5年内形成“县有支柱产业，乡有立乡企业，村有特色产品，户有主营项目”的工业发展格局。同时围绕“木器名城”建设，突出重点企业建设，实施名牌战略，开辟国内外市场。

1996年至2000年，坚持把工业作为经济发展重点，以改革为动力，以资源优势为依托，不断完善与改造重点传统工业，全力发展新型工业，五年上工业项目301个，创工业产值2.55亿元。形成一批以中国第一铅笔方正有限公司、富邦木业、兴隆铅笔板厂等为代表的牵动能力强的木制品加工龙头企业，开发以白杆铅笔、实木家具、细木工板为代表的系列木器产品，“木器名城”建设初具规模。2000年，工业总产值实现2.38亿元。

2001年至2005年，工业经济持续稳步发展，特别是2002年辟建方正县省级经济开发区，有23家超千万元投资企业落户园区，初步形成以食品工业园区、医药生物园区、高新技术工业园区、木制品工业园区、机械加工工业园区为主的五大工业园区，突出发展木材深加工、食品、制药三大支柱产业，园区内方通兴隆木业有限公司简称中国第二大铅笔软化板生产基地。2005年，工业增加值实现1.97亿元。

2015年，全县工业增加值实现13.5亿元，规模以上企业增加到48家，规模以上工业增加值实现9.8亿元。传统产业和新兴产业齐头并进，农副产品加工业、食品加工业、清洁能源等新老产业保持了较好的发展态势。

2016年，全县工业增加值实现14.2亿元，规模以上工业增加值实现11亿元。开发区实现工业产值20亿元。

城镇建设稳步推进、民生改善成效显著、社会事业不断发展

经济的快速发展，为社会各项事业的发展提供了强大的财力和动力，使全县经济和社会事业同步发展，人民生活水平不断提升，居民的吃、穿、住、行条件不断得到改善。

城乡建设日新月异，城乡面貌焕然一新。水、电、路、宅、通信等基础设施建设日益完善，城市载体功能不断提高。

“十一五”期间，累计完成社会固定资产投资10.7亿元，其中城镇基础设施建设累计完成投资2.13亿元。实现政治、文化中心北移，经济中心南移，完成同安路拓宽改造，新增城镇商服、住宅面积90万平方米，建成一批高标准住宅小区和街路景观。完成60公里供热管网改造，新增供热面积90万平方米，集中供热面积达到160万平方米，集中供热普及率达80%。累计改造棚户区30万平方米。城镇道路硬化率达78%。城镇居民人均住房面积由“九五”末期的12平方米增加到27.4平方米。新农村建设扎实推进，农村住房砖瓦化率达67.55%，自来水普及率达73%，有线电视入户率达48%，关系群众生活的医疗、保险、救助、住房等民生问题得到有效解决。

“十二五”期间，全县陆续建成一批城市基础设施重点项目，启动实施老哈同方正段改造，鸡讷支线建成通车，完成主城区“两横两纵”道路改造及滨江大道二期等项目。推动城市核心区向北跨越，率先发展北部滨水新区，改造升级中部老城区，推进经济开发区向南延伸、向东拓展。累计完成15万平方米棚户区改造，新增建筑面积50万平方米，建成一批标准化住宅小区。在全市率先启动整县推进城镇化工作，完成一批集镇和社区配套项目。创建3所市级标准化学校。医疗保险基本实现全覆盖。完成基层医疗卫生体制改革，县中医院通过二级甲等医院评审。

交通运输不断发展。境内公路总里程达1 223.2公里，其中国道194.3公里、县级道路60公里、乡级公路161.9公里、村屯道路615.9公里、林业旅游专线191.1公里。1997年8月同三高等级公路开通后，公路综合运输能力增强。同三、老哈同两线横跨东西，铁通、方虎、莲永三线纵贯南北，哈佳高铁方正境内全县贯通，境内干线、支线相互交错四通八达，全县村屯通车率达100%。跨省、市、县和县内营运线路33条，年平均客运量149.3万人次。货物运输与全国多数省、市、县建立联运关系，年货运量168万吨。水路有松花江横贯东西，境内流段为114公里，丰水期可通航500—1 000吨级船舶，通航期在210天左右，境内有水运码头3个、渡口2个、泊位39个，每年有上百万吨煤炭、上万立方米木材和上万台次车辆由此中转运往各地。县内有公交车28辆。

邮政电信事业发展迅速。电信电话从“摇把子”到“磁石”，从“准电子”到“纵横”交换，直至程控交换、无线市话、“小灵通通话”、移动通讯。从1992年10月，无线寻呼业进入方正，起初为数字寻呼，后发展为汉字显示。1994年开始，首次实现县级以上交换程控化和传输数字化，固定电话逐步普及。开通公众多媒体计算机互联网。1998年邮政电信分家。1999年以后，方正县移动通信事业快速发展，移动、联通、铁通通讯公司陆续进入方正。2002年3月，CDMA网正式运行，该网具有质量好、辐射小、保密性强特点。随着电子商务不断拓展，网络经济迅速发展。

电力事业不断进步，电力骨干网架格局基本完成。1990年完成沙河子—方正110千伏输变电工程，将佳木斯110千伏国电网直接引到方正电网供电中心，结束方正贫电历史。方正现有全省规模较大的500千伏变电所，年供电量达8 500万千瓦时。

教育事业稳步发展。全县有各级各类学校140所，在校学生26 434人，教职员工2 426人，形成幼教、职教、成教、特教统筹发展的教育体系。全县提前五年实现“两基”达标，教学条件明显改善。“十二五”期间，新建、改扩建乡镇及社区中心幼儿园8所、中小学10所，义务教育学校全部通过标准化验收，在全省率先免费普及高中教育，高考成绩连续多年位居哈市同类县前列。

卫生事业成就瞩目。县、乡、村三级医疗、保健、预防网健全，拥有各类医疗机构166家，其中二级以上医疗机构2家，县人民医院、县中医院、县妇幼保健医院、卫生防疫站、结核病防治所、县精神病防治所各1家，乡镇卫生院8家，村卫生所（室）138家。实现乡有卫生院、村有卫生所，形成遍布城乡的医疗、预防和保健服务体系。“十二五”期间，医疗卫生事业长足发展，县人民医院、县中医院移址新建及4所乡镇卫生院改扩建全面完成，国家级公立医院改革试点稳步推进，基层医疗机构全部实行药品零差率销售。

旅游事业蓬勃兴起。1996年开始，举办第一届方正县莲花节拉开方正旅游开发序幕。相继重点开发建设原始森林公园、响水河漂流、中日友好园林、方正湖、莲花湖、双凤湖、双龙湖、得莫利乡村游等一批旅游景点。至2016年已成功举办21届莲花节。围绕打造“山水之旅、文化之旅、美食之旅”三大旅游品牌，不断推动文化旅游业加快发展。

社会保障制度逐步健全，劳动保险制度改革取得突破性进展，实行全民所有制企业退休费社会统筹。医疗保险、养老保险覆盖面不断扩大。“十二五”末期，五项社保参保人数23.85万人次，城乡居民社会养老参保人数5.99万人，新型农村合作医疗参合率达99%。到2017年末，城乡低保标准分别提高到每人540元/月和每人3 780元/年；发放廉租房补贴240万元，使882户困难家庭受益。

推进侨乡建设

方正县成为东北著名旅日侨乡，是在“二战”时期日本投降特定的历史背景下形成的。

1978年中日邦交正常化后，大批侨属、侨眷开始了寻亲之旅，在中国政府的帮助下，他们纷纷返回故乡，与失散多年的亲友重新得以团聚。

1981年，日本水稻专家藤原长作先生来方正无偿推广水稻寒地旱育稀植栽培技术，改写了方正水稻生产历史。方正水稻单产由原来的300斤猛增到1 000斤。之后，藤原长作先生的水稻栽培技术迅速传遍祖国大江南北，为中国的水稻增产作出了极大贡献，方正县政府授予藤原长作先生为“方正县荣誉公民”称号。1997年家藤原长作先生辞世后，方正人民特别为他建立了目前在中国唯一的一座日本人纪念碑——藤原长作纪念碑。

继藤原长作之后，他的好友和同乡有马富男先生受到家乡岩手县和贺郡泽内村的派遣，于1990年3月又来到方正县传授水稻超稀植技术获得成功，受到方正农民的信赖和尊重，与方正人民结下了深厚友谊。

1993年5月，方正县政府第六次代表团访问日本，在东京驻日华侨董殿义陪同下拜会了前日本内阁宫房长官石井贯一、牧野史敬等日本友人，举办了“方正地区支援交流会”。会上，石井贯一就实施ODA计划，派遣技术人员支援方正县农业、畜牧业发展、开办方正日语学校等事宜作了交流。

1996年，方正县首次获得与日本国官方开发援助合作项目，即ODA援助项目，是日本援助发展中国家科技合作项目的简称。方正县的“ODA”项目主要是“水稻全程机械化”和“黄牛技术改良”两个技术援助项目。据了解，本期“ODA ”中日合作项目近20个，而黑龙江省仅有方正县的这一项目，而且是唯一的农业项目。在3年合作期内，日本方面通过派遣专家、传授技术、建立试验场、援助设备、车辆等，每年支持相当于3 500万日元的价值。

1999年2月3日，时任日本国会官房长官宫野中广务在日本自民党总部接见方正县政府第十一次访日代表团说：“北京是中国的政治中心，上海是中国的经济中心，方正县是日本人的灵魂中心，”足见方正在日本人心目中的位置和分量。中日友好园林是探寻方正侨乡根源的有力见证，也是中日之间铭记历史、珍爱和平、传递友谊的桥梁和纽带。

2005年，旅日华人王克非投资900万元，兴建占地面积2万平方米、建筑面积6 000平方米的城北侨村。

2007年，温家宝在日本国会发表讲话提及方正后，引发中日高层政治家、海内外主流媒体的高度关注，中日政治家频繁来访考察，方正的对外交流格局发生了根本转变。方正县与日本驻华大使、中日友好协会等官方、民间组织建立了对话交流机制，为推进改善中日关系作出了贡献。对日输出渠道进一步优化，侨资回流推动了方正经济的发展。

初步建成了日式风格建筑的侨村园区，日式商业步行一条街。

2010年成立方正华侨商会，发展侨资经济。

目前，方正县旅日华人华侨、混血后代已达8.3万余人，占方正总人口的八分之三。随着中日友好交流的日益频繁，合作领域不断扩大，方正侨资企业已发展到38家，利用侨资达1.5亿元。每年互访的官方和民间团体组织多达30余个，近300人次，涉及经济、文化、教育、卫生医疗等众多领域。据不完全统计：方正人在日务工、创业收入每年多达40亿以上人民币，探亲、技术、劳务等每年创收达4 000余万元。几大银行储蓄余额多达50亿元人民币，80%以上是华人华侨所存，全县国际邮政业务占全省67个县份的三分之一。

侨务经济已成方正县经济发展的一个重要组成部分，方正县委、县政府正以“侨经济、侨文化、侨形象”建设为重点，推进侨乡品牌建设，充分彰显这座城市特有的魅力。

第二节　前景展望

方正县国民经济和社会发展第十三个五年（2016—2020年）规划纲要的指导思想是：以党的十八大和十八届三中、四中、五中全会精神为指针，以“创新、协调、绿色、开放、共享”五大发展理念为引领，全面贯彻落实中央和省市有关“十三五”的各项战略部署，以深入推进经济建设、政治建设、文化建设、社会建设、生态建设和党的建设为主线，立足当前、着眼长远，把握规律、创新求变，努力把方正县建设成为县强民富、经济繁荣富裕的方正；景色宜人、物产丰饶的美丽方正；健康向上、崇德尚礼的文明方正；和而不同、和睦相处的和谐方正；务真求实、开拓进取的活力方正，着力打造享誉全国的优质稻米之乡、电商食品采购基地、人文化现代侨乡、北国生态宜居秀美之城。

发展目标

围绕加快全面建成小康社会，努力推动经济保持中高速增长、产业迈向中高端水平，在提高发展平衡性、包容性、可持续性的基础上，确保实现地区生产总值、城乡居民收入比2010年翻番目标，到2020年全面建成小康社会。

经济保持中高速增长。到2020年，地区生产总值年均增长6.5%以上，GDP总量达到100亿元，人均GDP达到6 000美元以上。产业增值效益明显提升，产业转型发展取得重大突破。农业现代化全面实现，食品等特色制造业跃上中高端，旅游等现代服务业比重进一步上升。固定资产投资年均增长力争达到10%以上，地方财政收入年均增长争取与GDP增速基本同步。

人民生活水平和质量稳步提高。促进居民增收，城乡居民人均可支配收入不低于GDP增速。积极扩大就业，城镇登记失业率控制在4.3%以内。实现社会保障、义务教育、医疗卫生、住房保障、公共文化、全民健康等基本公共服务体系更加健全，基本公共服务水平和均等化稳步提升，实现先行标准的贫困人口全面脱贫。城乡收入比控制在2∶1内，城乡居民实现共同富裕。

城市辐射和吸纳功能进一步加强。承载功能显著提升，哈佳高铁站点及周边配套设施建设、“四湖”开发成效显著，基础设施进一步完善。辐射功能进一步放大，以科技、金融、物流、商贸为重点的农业综合服务体系基本完善。商贸流通市场、住宿餐饮服务、娱乐服务设施进一步完备。哈佳中段次中心城市建设成效显著，城镇聚集和辐射功能全面提升，方正镇人口达到8.5万，户籍人口城镇化率提高到56%以上。

生态建设迈出新步伐。城乡生态环境质量全面改善，单位生产总值综合能耗和二氧化碳排放进一步下降，主要污染物排放总量进一步减少，生态建设和环境保护进一步加强，实现天更蓝、山更绿、水更清，生态环境更美好。

发展优质高效生态农业

到2020年，全县粮食综合生产能力稳定在13亿斤以上，农业增加值达到27亿元。

到2020年，绿色水稻种植面积达50万亩。以绿宝石优质米有限公司为依托，建设5万亩富硒米种植加工基地，建设5 000亩方正水稻种子培育基地。

到2020年，规划建设15个肉鸡养殖小区，规模化养殖比重提高到70%以上。

扩大北药种植规模，到2020年，北药种植面积达5万亩。

推进食用菌基地升级改造，推进标准化生产、商品化销售，到2020年，食用菌栽培总量8亿袋。

推进国家级方正银鲫原种场基础设施建设，提高苗种繁育能力，提高商品质量，到2020年，银鲫养殖面积达10 000亩。

构建现代农业生产体系。到2020年，农业产业化龙头企业达15户，带动面积达35万亩。

发展资源产品深加工

积极培育新材料产业、节能环保产业、新能源产业、特色医药产业、木材加工产业五大特色产业。到2020年，实现规模以上工业总产值100亿元，年均增长15%。

壮大现代服务业

加快发展以文化旅游、现代物流、健康服务等服务业。"十三五"期间，服务业增加值增幅高于GDP增幅，社会消费品零售总额年均增长10%。

推进生态旅游与文化相融合、观光与休闲相结合，统筹规划"山水园林湖"资源，打造"山水风情、历史文化、红色经典"三大特色文化旅游品牌。到2020年，年接待旅游人数100万人，总收入达3亿元，年均增速达15%。

到2020年，物流业增加值达到1亿元，实现年均增速20%。

推进健康服务业与生态旅游业、医疗服务业融合发展，重点开发集旅游、休闲、养生于一体的避暑度假、养生产品。到2020

年，健康服务业营业收入达到2亿元，年均增长30%。

引导产业集群发展，优化产业布局

加快方正经济开发区提档升级，打造特色鲜明、竞争力强的专业化园区。到2020年，园区总产值超过50亿元，开发面积4.29平方公里，产业集聚度提高5个百分点。

统筹城乡一体化，优化城镇空间布局

统筹推动新型城镇化和美丽乡村建设，打造区域次中心城市。到2020年，全县户籍人口城镇化率达到56%以上。方正镇人口达到8.5万人以上。

构建方正县“一城三镇”的城镇化空间布局。“一城”即方正县城，“三镇”即会发镇、得莫利镇和大罗勒密镇。形成沿松花江、同三高速和哈佳高铁三条主轴推进新型城镇化发展格局。

实施脱贫攻坚工程

贯彻精准扶贫、精准脱贫基本方略，坚决打赢脱贫攻坚战。整合扶贫开发资金，开展产业扶贫，增强贫困村收入和可持续发展能力。将国家扶贫标准线以下的贫困人口，实施社会保障救助。到2020年，全县10 992人实现全部脱贫，与全县人民共同迈入小康社会。

大事记

1906年

3月4日，清朝廷在松花江北岸崇古尔库站设县，因有大通河而取名大通县，松花江南岸十旗公田局为大通县行政区划一部分。

1907年

4月20日，清朝廷决定东三省改制，废将军，设巡抚，东北设省。徐世昌被任命东三省总督。

1908年

1908年光绪帝、慈禧先后病逝。光绪帝无子，由侄子年仅9岁的溥仪继位。第二年改为宣统元年。

6月21日，吉林省、黑龙江省以松花江为界划分两省疆界，江北为黑龙江省，江南为吉林省。

1909年

4月9日，东三省总督徐世昌、吉林巡抚陈昭常奏请将大通县移治松花江南岸方正泡地方。4月14日奉朱批，交会议政务处议奏。

4月22日，大通县改称方正县。

5月4日，署理方正县知县荣善借用大通县巡警局关防协同防营巡检，移驻江南之方正泡街。

5月29日，吉林行省颁发方正县木质关防一颗，文曰：方正县之关防，6月11日正式启用关防。

6月2日，清政府正式批准：东三省总督徐世昌等奏请将大通县移至方正泡，改名方正县，定为吉林省新设之缺。

1910年

2月1日，吉林省总督锡良、巡抚陈昭常，为堪明方正县界址，并拟定缺分编制等事宜上报内务府，2月15日获得批准。

8月18日，知县荣善去宾州府，同该署巡检王长令，抵腰岭子地方，验明界址，由南界陈家菜营起，首向北，共计埋立封堆5处：第一处在陈家菜营岭顶，查该处系三属分界之处，堆南为长寿县（今延寿县），堆北西属宾州，东面即划归方正县，原名陈义社；第二处在腰岭子；第三处在白石砑岭；第四处在黄鱼圈沟岭顶；第五处在松花江南岸。

1911年

4月2日，通河、方正两县知县在通河县办理交接手续。

9月22日，松花江水猛涨，县境内老龙岗以北（今松南乡以北）农田全部被淹绝产。

1912年

1月1日，孙中山在南京宣誓就任中华民国临时大总统，宣告中华民国成立。

2月12日，清朝末代皇帝溥仪退位。

2月14日，孙中山辞去临时大总统职。15日，参议院选袁世凯为中华民国大总统。

4月17日，根据国民政府的决定，方正县知县改称方正县知事。

5月，县邮政局成立，地址在县城中央街路南。

7月17日，民国袁世凯政府下令撤销东三省都督，改称奉天都督、吉林都督、黑龙江都督。

1913年

1月，方正县全县进行土地清查，先查地契，后查土地。

1914年

3月，沈景佺接替赵邦彦任县知事。

12月，北洋军阀政府所铸的袁世凯头像银币在县内流通。

1916年

3月14日，夜12点30分，县内发生地震，有的地方地动屋摇。

是年，郑庆余接替范景佺任县知事，嗣为范琛接替。

是年，在大罗勒密地区建立“裕方”“镜波”两个木材公司。经理分别为张景隆、张焕章。经营面积200平方公里，材积量701 648立方米。

1917年

1月，县内通用“官银号”省银元票。票面额为：1角、2角、5角、10角四种。

8月8日，善元接替范琛任县知事。

1918年

5月16日，下午2时，方正县监狱发生越狱事件。这次越狱逃出在押犯27名，1名被击毙。

10月，杨步墀接任善元任县知事。

1919年

9月，《吉林方正县志》编写完成。此乃方正县第一本县志，主编为县知事杨步墀。

1920年

3月，张嗣良接替杨步墀任县知事。

7月24日晨3时，匪首“交的宽”率300余人攻进县城，打开监狱，劫放在押犯人31人。

10月8日，高恩澍接替张嗣良任县知事。

1921年

7月18日，秦荣光接替高恩澍任县知事。

是年，商号“公义合”开业，地址在中央街路南，经理陈青海。资本4 000元。主要经营日用百货和烟酒食品。

1922年

是年，李翰昌接替秦荣光任县知事。

1923年

是年，张嗣良二度出任县知事。

1924年

10月，“张家银号”成立并开始营业，地址在中央街东段路南，经理张兴源。主要承办各商户存款、贷款事宜，放贷期限为一年，利息30%。

是年，石渭接替张嗣良任县知事。

1925年

4月，经张品金、时承廷、高凤山等人发起募捐，在县城东南隅建文庙1座、大成殿3间，总面积4 440平方米。

是年，县知事石渭因司法公安厅失火被撤职，由成友善代理县知事。

1926年

5月，方正县“三兴”长途汽车公司成立。地址在中央街西段路北。经办人薛春华、李寿山，主要线路东至依兰县、西至宾州。

1928年

3月，方正县忠贞学校成立并开学。主要讲授《三字经》《百家姓》。

是年，“兴方文艺茶园”成立，主要演出地方戏。

1929年

4月20日，奉吉林省民政厅第258号训令，方正县公署改称县政府，县知事改称县长。

10月，根据国民政府的统一规定，方正县警察局改称公安局。

1930年

是年，在县城建砖瓦结构图书馆1处，对现政府职员开展借阅活动。

1931年

9月18日，日本驻中国东北境内关东军借口南满铁路发生爆炸，突然炮击沈阳，发动了蓄谋已久的侵略中国东北的“九一八”事变，消息传来，县城居民四处逃奔，埋粮食、藏东西，一时社会秩序大乱。

10月，马占山在齐齐哈尔就任黑龙江省政府代主席兼军事总指挥，发表演讲，表示与来犯之敌势必决一死战。

12月，中共满洲省委机关由奉天（沈阳）迁到哈尔滨进行改组，罗登贤任省委书记兼组织部长，杨林、赵尚志先后任军委书记。

1932年

1月1日，在日本关东军授意下，张景惠在哈尔滨就任伪黑龙江省省长，宣布“独立”。并发表与国民政府脱离关系的“独立宣言”。

1月，李杜在哈尔滨召集吉林抗日军将领进行会议，决定成立“吉林自卫军总司令部”，公推李杜为总司令，丁超为中东路护路军总司令，冯占海为自卫军副总司令兼右路总指挥，王之右、赵毅为左路正副总指挥，李杜、邢占清为中路总指挥。并确定了防守哈尔滨的计划，会议发表了告民众书，号召军民团结起来共同对敌。

2月3日，在吉林自卫军总司令部指挥下，展开了哈尔滨保卫战。

2月5日，日军第二师团侵占哈尔滨。李杜、丁超吉林自卫军由哈尔滨转移到巴彦、宾县、延寿、方正一带。

2月，中共珠河中心县委（今尚志市）派中共党员具世领（朝鲜族）到宝兴（当时属延寿）开展党的地下工作。

2月14日，马占山在齐齐哈尔就任伪黑龙江省省长。

3月1日，在日本军国主义策划下，伪东北行政委员会公布伪满洲国“建国宣言”，年号“大同”，将长春改称“新京”，定为伪“国都”。

3月9日，清末逊帝溥仪在新京（长春），就任伪满洲国“执政”。

3月14日，张景惠就任伪省特别区长官。

3月15日，吉林自卫军冯占海部，在会发珠河桶子沟一带与日本侵略军多门师团的主力部队，展开激战，毙敌20余人，击落敌机2架。

3月30—31日凌晨，吉林自卫军冯占海部宫长海旅，在桶子沟、会发恒一带与伪满哈尔滨第二旅激战一昼夜，全歼（俘虏）该旅3 000余人，缴获大量军用物资。伪旅长李文炳险些被捉。

3月，李杜接见跟随自卫军撤往依兰的学生军领队车鸿志和学生军全体志士。

4月4日，日军第二师团调集长谷、天野两个旅团，攻破抗日自卫军在会发恒一带的防线。冯占海部退守大罗勒密，日军侵占方正县城。

4月20日，李杜以吉林自卫军总司令名义在依兰召开军事会议，丁超、冯占海、杨耀钧等出席会议。会议决定分左、中、右三路向哈尔滨挺进。左路总指挥马宪章，中路总指挥杨耀钧，右路总指挥冯占海，李杜、丁超在依兰指挥。李杜还在依兰建立兵工厂，发行纸币，准备以依兰为根据地进行长期抗日。

4月25日，吉林自卫军进攻哈尔滨的右路大军，在冯占海指挥下挺进方正县境，并迅速向县城发起进攻，守城伪军逃跑，人民热烈欢迎自卫军入城。

4月26日，吉林自卫军宫长海等部进袭会发恒，伪军凭工事据守，日军派飞机助战，自卫军官兵与敌激战从早晨持续到黄昏，至夜自卫军发起冲锋，收复了哈同路之战略要地会发恒。此役，生俘伪军2 000余人，击落日机2架，生擒驾驶员石谷中尉、清田少尉，缴获迫击炮3门、轻重机枪10挺。

4月28日，日本侵略军广濑师团中村支队乘船从方正北部松花江到南天门黑河口码头。驻守黑河口码头吉林自卫军武步墀营与敌展开激战，自卫军以木船直迎敌炮舰，以步枪对火炮，英勇阻击。最后，自卫军木船中炮，全连官兵悉落江中，百余官兵全部壮烈牺牲。

4月29日，日军中村支队进至方正县北部的南天门（今，天门乡）后，向县城猛烈进攻，冯占海指挥部队沉着迎敌，激战竟日，终将日军击溃。击毙日伪军200余人。伪军200余人反正。自卫军伤亡200余人。

5月8日晨，日本侵略军步兵第十联队、野炮兵第十联队第八中队、卫生班进入方正县城，方正县城再次沦陷。

6月，伪满方正县政府成立，首任方正县长景阳春，副县长为日本人渡边。随后又成立日满协和会和警察署。此次，方正县人民进入了抗日救国斗争的历史阶段。

7月，中共满洲省委决定将中共珠河（尚志）特支改为中共珠河中心县委，领导珠河、延寿、方正、苇河、亚布力等地党的组织和抗日救国斗争。

8月，李华堂在刁翎收编小土城子等地方大排队及部分山林队，组成中国自卫军吉林混成旅第二支队（简称李华堂支队），李华堂任支队长。这支部队于1937年1月改编为东北抗日联军第九军。

9月12日，伪满政府实施《治安警察法》，当年10月在方正县实施。遂在东门、西门和北门增加3个公安警察队，日夜驻守城门。

10月31日，日用百货商店“天生福”开业。地址在中央街西段路南，经理潘玉海，有店员22名。

12月3日，苏炳文率东北民众救国军余部，军民共4 000余人，乘火车退往苏联境内。马占山及其随行人员亦同车离境。

1933年

1月，中共珠河（尚志）中心县委派徐明信等3名党员，到延寿县天台山，建立中共延方党支部，并以此为中心，向延寿、方正两县境内开展党的活动。当时有党员5名。支部书记徐明信。

1月9日，李杜、邢占清、杨耀钧带自卫军3 000余人退入苏境。

2月10日，原吉林自卫军将领丁超投降日伪，13日伪满皇帝溥仪特赦丁超，任丁超为伪军军政部顾问。

3月，中共珠河中心县委派李金邦同志（朝鲜族）来宝兴和具世领同志共同建立了宝兴党小组。李金邦同志任组长。

4月14日，方正县立医院开业。

5月14日，方正县地下交通员李升和李万金将杨靖宇从宁安秘密护送到依兰。

6月，伪县政府成立治安维持会，目的是镇压日益高涨的民众反满抗日斗争。

8月，中共珠河中心县委决定在宝兴党小组基础上建立中共方正支部。支部书记任福德。支部归延方支部领导。

12月22日，伪满政府实施《保甲法》，实行保甲公约，成立义务自卫团，强化法西斯统治。全县年底组成4个自卫团，分别在东西南北4个城门处，共计60人。

1934年

2月，中共延方支部改选，陈克强任支部书记，组织委员戴青山，青年委员齐大虎，有党员10名。

8月，中共珠河中心县委决定将延方支部改为延方特支。特支书记李秋岳（朝鲜族平安道人，女），组织委员刘世武，宣传委员刘兴亚。

10月，伪县警察署成立，署长乔松久，署内11人，外有6个区级警察署，分别设在城内、会发恒、南天门、大罗勒密、得莫利、三道通。

是月，东北反日游击队哈东支队（赵尚志珠河游击队，1934年6月成立东北反日游击队哈东支队）第三总队由政委韩光带领，将抗日游击区扩大到方正县西部桶子沟一带。

11月25日，赵尚志率领东北反日游击队哈东支队在方正、延寿、宾县交界处的肖田地（珠河联宾屯）与日军望月部队和伪军邓云章团800余人展开激战，歼敌120余人。

12月1日，方正县由伪吉林省管辖划归伪三江省管辖。

12月3日，伪满政府发布《集团部落建设》文告，部署“归田并户”，方正县在次年年初开始进行。

12月，东北反日游击队哈东支队，在宝兴南部山区象鼻岭下和二吉利沟里横头山一带建立密营根据地。

是年，伪电话局成立。

1935年

3月9日，东北人民革命军第三军（由哈东支队于1935年1月改编）乘胜东进，到达方正大罗勒密山区。军长赵尚志与活动在这里的抗日部队首领谢文东、李华堂会见，经协商达成协议，以东北人民革命军第三军为核心，共同成立“东北抗日联合军总指挥部”。推选赵尚志为总指挥，张寿篯（李兆麟）为政治部主任。

3月11日，为庆祝抗日联合军总指挥部的建立，东北抗日联合军在赵尚志的指挥下，进攻方正县城，击毙伪警6人，俘虏1人，缴枪15支，并火烧日本参事官住宅。

4月23日，三军一团联合祁明山等抗日武装攻入大罗勒密街，缴获马匹等物资后撤回山里密营根据地。

6月，抗日同盟军第四军军部在李延禄军长率领下，由勃利县进入方正县境内。在东部山区大罗勒密陈家亮子一带建立军部、密营、被服厂和修械所等。并在松花江南岸的花公鸡山上设税卡，对过往船舶收缴救国捐，以解决军费。

是月，东北人民革命军第三、四军在小罗勒密小三家子屯，召开抗日统一战线大会。有500人到会。

8月20日，东北抗日同盟军第四军在大罗勒密游击区成立地方人民自卫队、抗日救国会、妇救会、儿童团等群众性抗日组织。

9月18日，东北抗日同盟军第四军在方正县五道河子改编为东北人民革命军第四军。军长李延禄，共7个团1个旅。

10月，东北抗日同盟军三军主力向松花江以北转移，三军一师刘海涛部在方正县大罗勒密建立后方密营，坚持游击斗争。

12月，东北抗日同盟军（联合军简称抗联）第四军在大罗勒密街所建立的秘密联络点，由于叛徒出卖全部遭到破坏。地下工作者张景隆被捕，陈云升被害。

1936年

1月3日，东北抗日同盟军第四军一师二团和三军一部，在大罗勒密猪蹄河伏击日伪军运输队。击毙敌军80人，缴获大车91台，马匹300余匹。

2月，中共延方特支书记刘世武在延寿北门外被敌人杀害。

8月，东北抗日同盟军第（联合军简称抗联）三军一、二、三师活动在松花江南岸的宾县、延寿、珠河、方正、苇河、五常等县。

是月，东北抗联三军一师在花公鸡山设土炮截击由佳木斯驶往哈尔滨的日本“江亨”号货轮。

是月，依兰民众救国军抗日武装谢文东部改编为东北抗联第八军后，进入方正县大罗勒密山区，在无影山、五道河子一带建立密营。

9月，曾任延方特支书记的李秋岳于通河被敌人杀害。

1937年

2月，活动于松花江下游南岸的抗联第三、五、六、八、九军及四军分遣队，在洼洪河九军行营举行联军会议，即“洼洪河会议”。

3月，中共北满临时省委决定，撤销延方特支，成立中共方正县委员会。受哈东特委领导，刘兴亚任县委书记。当时有党员18名。

11月，抗联三军一师三团团长王俭率部队与日伪军在得莫利双桥作战时英勇牺牲。

1938年

7月，中共方正县委书记刘兴亚、宣传委员范景海被日伪当局逮捕，关押在伪吉林省监狱。

9月，抗联第二路军总指挥周保中率指挥部从富锦地区转移到方正、依兰交界山区活动，指挥部设在红石砬子。

10月，抗日联军第三军二师政治部主任吴景才，在会发恒区老道庙与日伪军作战受重伤后光荣牺牲。

1939年

7月，抗联九军军长李华堂在大罗勒密投降日伪军。

9月，抗联四军二团团长郑万昌在大罗勒密干饭锅密营遭敌袭击，在胡家沟遇袭牺牲。

1940年

11月，伪满政府实行“粮谷出荷”制度。逼征出荷粮，供应日军侵略战争需要。

1942年

8月，日本侵略军在方正县境内修建3处飞机场。

1944年

12月，自1939年至1944年期间，日本帝国主义向方正县共派6批开拓团，共计1 291户，4 828人，占去良田7 000余垧。开拓团总部设在伊汉通吉兴村。在大罗勒密、宝兴、梨树园、南天门、李花屯设有开拓团分部。

1945年

7月，伪副县长河野三郎（日本人）在去伪三江省（今佳木斯市）开会返县后的第二天晚间剖腹自杀。

8月8日，苏联政府对日本宣战。苏联军队150万人在远东最高元帅华西列夫斯基指挥下，从西、东、北三个战区攻入中国东北境内，歼灭日军主力关东军。在哈尔滨，苏联飞机轰炸了滨江火车站、日军仓库和日军军营。

8月15日，日本政府广播日本天皇“终战诏书”，裕仁天皇宣布日本政府无条件投降。满洲国随之垮台，沦陷了14年的中国东北光复，方正和东北人民一道迎来了民族的解放。

8月20日，苏联红军进驻方正县城，成立卫戍司令部。随苏联红军回来的抗联干部傅国壁（武昌文）、祁连山任卫戍司令部副司令。

8月21日，方正县赵炮屯日本开拓团移民因日本投降而集体自杀自焚。

9月20日，中共方正县临时支部成立。傅国壁任支部书记，范景海、杨春任副支部书记。有党员16名。

9月，合江省民主大同盟派陈福贵来方正县组建东北民主大同盟方正县委员会。委员长陈福贵，副委员长范景海、杨春。

临时党支部与县民主大同盟委员会组建县武装自卫队。下属4个中队，负责地方治安。

10月20日，国民党吉林省党部石坚派郭松涛等人在方正成立国民党党部，赵子遐任书记长。29日国民党党部被苏军卫戍司令部解散。

10月末，苏军从方正县撤出。

12月5日，合江人民自治军某部由孙敬宇率领攻打通河县城，方正县自卫大队司令傅国壁带领警卫连和四中队200人参战，不克而归。

12月24日，通河县保安大队在队长高铭三率领下与土匪李华堂合兵攻打方正县城。县大队司令部被占领，副司令祁连山被掠走。方正县自卫队组织反击，通河保安队败走。

1946年

1月24日，八路军三五九旅七一八团（老五团）开进方正县城。

1月25日，为纯洁地方武装队伍，八路军三五九旅将县自卫大队缴械并重新组建方正县独立营，营长为傅国壁。

同日，北满分局从山东省抽调10名干部到方正县开展工作。

1月，北满分局派程志清、郑民等人到方正县筹建人民政府。

2月，方正县民运工作委员会和县人民政府成立。政委韩莘哉，副政委郑民，县长程志清，参议长范景海。隶属松江省哈东地委领导。撤销中共方正县临时支部。

4月20日，县农民联合会成立。到月底，共建立基层农民分会3 484个，入会人员达到12 412人。

6月4日，会发恒区中队武装叛变。

6月9日，南天门区中队武装叛变。区委书记王玉明被害。

7月，中共北满分局陈云、陈伯村等来方正县视察工作。

是年，根据中共松江省委指示，方正县民运工作委员会改称方正县委员会。书记韩莘哉、副书记郑民。

年底，全县共召开反霸锄奸斗争大会187次，其中千人以上的13次，被斗人数238人。

在全县13 308户中有77%的农户分得了土地。共分得土地面积169 872垧，同时分得房屋12 308间。

1947年

7月，县人民政府组织支前担架队支援四平战役。出民工800人、大车16台、马56匹、担架396副。担架队长刘惠恩，政委张健。

10月，原属于延寿县管辖的宝兴乡划归方正县，原属于方正县西部的任大屯划归延寿县。

1948年

7月，县政府向翻身农民颁发土地执照17 297份，分配土地面积16 987晌。

1949年

4月30日，农村建政工作结束，全县选出村代表2 046人，村干部178名，共组成73个村政府。

8月21日至27日，县委召开中共方正县第一次党员代表大会，到会代表105人。会议主要传达贯彻党的七届二中全会精神。

10月1日，中华人民共和国成立。

1950年

2月，中国人民银行方正县支行成立。

11月20日，县政府组织赴朝担架队，共481人，由副县长邓兴华率队入朝。

1951年

9月20日，抗联老人范景海当选为老革命根据地代表，赴京参加国庆观礼。受到毛主席、刘少奇、周恩来、朱德等党和国家领导人的接见。

10月，全县开展“三反”（反贪污、反浪费、反官僚主义）、“五反”（反行贿、反偷税漏税、反盗窃国家财产、反偷工减料、反盗窃国家经济情报）运动。

1952年

1月，在全县开展整党工作。年末，每个党员重新进行登记。

8月，县第一初级中学建成，校长张炳震。

9月，县油米酒联合厂建厂开始生产。

1953年

12月，全县组织起17个农村初级生产合作社，参加农户365户，经营土地面积16 890亩。

1954年

1月，县皮革厂成立并开始生产。

3月20日至24日，县第一届一次人民代表大会在县城召开。出席会议代表132人，列席72人。邓兴华当选县长。

8月1日，原松江、黑龙江两省合并，称黑龙江省，方正县隶属黑龙江省牡丹江地区。

9月，开始实行棉布计划供应，每人每年供应棉布24尺、棉花1斤。

11月，全县开展大规模社会主义宣传教育运动，深入贯彻《农业合作化的决议》。

年底，全县开始实行粮食统购统销。

1955年

7月30日，全县8个按数序排列命名的行政区，改以地命名。即：城厢区、会发恒区、天门区、沿江区、大罗勒密区、明阳区、宝兴区和珠河区。

11月，中共方正县委在会发恒区进行由初级社到高级社的试点。到年末有81个过渡到高级农业生产合作社。

1956年

3月7日，全县并村划乡工作结束。将原来8个行政区73个行政村253个自然屯划为1镇19个乡。

4月10日，全县完成对私人手工业的社会主义改造，共建立手工业合作社、组18个，占个体手工业者总数的96%。

7月20日，县有线广播站成立，开始向全县有线广播。

1957年

11月25日，全县开展整风“反右”运动。运动分鸣放、辩论、反右、整改4个阶段，到1959年1月结束。在反右中出现了扩大化倾向，错划了57名右派分子。

1958年

3月，县油酒米联合厂分设，成立县油米厂、白酒厂。

是月，中共方正县委决定将原1镇19个乡改为2镇10乡。

4月，县成立农业机械修配厂。至此，县已有油米厂、酒厂、砖厂、糕点厂、皮革厂、铁木器厂、印刷厂等8家较大工业企业。

9月25日，县委在方正镇建立全县第一个人民公社——红旗人民公社。

11月，为大炼钢铁，全县建起“土洋炉”3座、“小土炉”20座。

1959年

1月1日，《方正日报》创刊，共发行828期。1961年2月停刊。

12月3日，大砬子水库动工兴建。

1960年

12月30日，今年是实现第一个国民经济五年计划最后一年，据统计，全县工业总产值实现7 778千元；农业总产值实现7 300千元；粮食总产量60 037千斤，粮食平均单产116斤；农民人均收入57元。全县水田面积由1949年的45 225亩扩大到86 880亩。

1961年

1月，由于1960年春涝、秋早霜、遭水灾粮食歉收，加之全国经济处于困难时期，粮食短缺，大部分生产队和社员开始“瓜菜代”。大搞“代食品”，以补口粮不足。一直持续到1962年秋才有所好转。

6月，全县已建成10个人民公社，计84个生产大队，345个生产队。

1962年

2月，中共方正县委决定在全县农村深入开展社会主义教育。

8月，全县共有12个人民公社。

1963年

是年，方正县城内部分居民开始饮用自来水。

1964年

4月，首批知识青年97人下放农村参加生产劳动。

5月，《毛主席语录》在全县发行。

1965年

10月，县自来水公司、木材公司成立。

11月，双凤水库建成。投资460万元，库容2 600万立方米，受益面积3.3万亩。

1967年

9月19日，省革命委员会正式批准成立方正县革命委员会。

1968年

3月12日，城镇知识青年266人上山下乡参加生产劳动。

5月15日，方正县钢筋水泥结构的蚂蜒河大桥工程开工。10月15日竣工。桥长294米，宽8米，造价105万。

10月1日，方正县革委成立知识青年上山下乡办公室，开始组建青年点，接受上山下乡的青年。

10月15日，县革委在双凤水库成立“五七”干校。

1969年

1月，县整党工作开始。

1970年

2月10日，方正县各公社革命委员会改称管理委员会，恢复党委会。

2月，县糖厂、电器厂成立并投入生产。

3月2日，根据国务院批示，将原牡丹江地区管辖的尚志、方正、延寿3个县划归松花江地区管辖。

3月，沙河子煤矿建成投产，年产原煤5 000吨。

是年，县亚麻厂、第二机械厂建成并投产。

1971年

7月，方正县第二中学建成并开始授课。

是年，新建方正县电影院落成，有座席1 960个，35毫米座机2台。

是年，新建县医院落成，面积5 500平方米，床位200张。

1972年

1月1日，县革委决定架设的方正—达连河35千伏输变电线路经两年施工交付使用，缓解全县供电不足压力。

1月20日，经中共松花江地委批准，中共方正县核心小组被撤销，恢复中共方正县委员会。邵长溥任书记，赵德芳任副书记。

3月20日，县委组织910名民工参加修建“引嫩”工程。

7月17日，全县批林整风运动开始。

1973年

是年，县汽车大修厂建成投产。

1974年

7月30日，方正县影剧院建成。设座席1 300个，总面积2 500平方米，造价60万。

1975年

5月30日，大砬子水库复工。县委抽调部分干部带领400名民工修建大砬子水库。

12月，中共方正县委决定将县直各单位党的组织改建为15个党委、12个总支，使县直各系统党的工作走向正常化。

1976年

10月25日，方正县电视差转站建成，并与11月12日正式向全县播放节目。

10月，方正—依兰110千伏输变电工程竣工。同时建成一座110千伏容量7 500伏安枢纽变电所。

1978年

是年，县邮电局新设计安装的集成线路电讯工程竣工，1979年开通自动电话。

1979年

2月14日，县委召开四级干部会议，传达党的十一届三中全会精神，动员全县人民把党的工作中心转移到生产建设上来。

7月，全县纠正冤假错案工作结束。503件冤假错案全部得到纠正；并为在“文化大革命”中被错揪、错斗的228名干部恢复名誉，安排工作，同时为232名守法“四类分子”（地、富、反、坏）摘帽，为5 023名地富子女改变身份。

9月15日，方正县委新建三层办公楼交付使用。总面积3 000平方米，总造价50万元。

是年，中国农业银行方正支行、中国建设银行方正支行成立，并对外办公。

是年，人造板厂、细木工板厂建成并投入生产。

1981年

10月，县电影发行公司成立。全县电影放映队发展到78个。

是年，日本农民水稻专家藤原长作先生应邀来方正县传播水稻旱育稀植技术。

1984年

7月20日，全县政、社分开和建乡任务全部结束。原各人民公社已改为乡人民政府。同时设立经济管理委员会。

1985年

10月1日，方正电视台创办方正新闻节目。

1986年

10月1日，方正县卫星电视地面转播台建成，并开始正式转播。全县人民可以同时收看中央一台、二台和省台电视节目。

1990年

1月4日，沙河子变电所更换受容为一万五千伏变压器一次合闸成功，从而满足方正县城乡生产、生活用电。

10月29日，县自来水厂建设竣工。县城自来水日供水量可达4 500吨。

11月2日，方正县第四次人口普查结束，全县人口为218 456人，其中男性112 783人，女性105 682人。

1991年

4月1日，经国务院批准，方正县由松花江地区划归哈尔滨市管辖。

1992年

4月11日，沙河子镇中学初二（二）班学生，优秀共青团员李艳凤为救6岁落水儿童英勇献出自己年轻生命。省政府授予她革命烈士称号。

10月9日，县邮电局正式开通无线寻呼业务。

1993年

1月8日，育林烟花厂发生一起特大爆炸事故。伤亡12人，重伤1人。

1994年

7月24日，方正县6 000门程控电话交换机开通使用，正式投入运营。

1996年

3月25日，中日双方在友谊宫举行“ODA”项目签字仪式，市科委、国家科委及方正县副县长刘庆有、陈云杰、齐伯文等参与会谈。市政府副市长张振藩代表中方同日方代表望月久团长在会谈纪要上签字。

7月28日，方正县依托境内东北地区最大的天然野生莲花的得天独厚条件，举办首届方正莲花节。

1997年

8月30日，哈同高速公路哈佳线单幅竣工通车。工程造价11亿元。2002年扩建双幅四车道，投资39.6亿元，于2005年8月竣工通车。

1998年

7月26日，方正县原始森林公园举办开园庆典。

12月5日，方正县获“中国林蛙之乡”称号。并举行挂牌仪式。

1999年

11月1日，黑龙江移动通讯公司方正分公司正式挂牌运营。

是年，方正县被授予“富硒大米之乡”称号。

2001年

3月，方正县区划调整，永丰、珠河、沙河子、新安、育林、奋斗、永建撤乡合并，全县设方正镇、会发、大罗勒密3个镇；天门、松南、德善、宝兴、伊汉通5个乡，共辖行政村67个、自然屯259个。

2002年

8月18日，得莫利矿泉水有限公司开业庆典。

2003年

1月11日，凌晨4时45分，宝兴煤矿发生特大瓦斯爆炸事故，井下34名矿工遇难。

6月，建设方正县经济开发区，为市级经济开发区，2006年，省政府正式批准为省级开发区。

2006年

9月5日，方正县抗联英烈纪念地建设竣工，举行揭幕仪式。

是年，山水园林城市和生态乡村建设稳步推进。

2007年

6月，同安路开始拓宽改造。

2009年

3月19日，哈同公路方正段发生一起特大“3·19”交通事故。

5月16日，方正县民营大型综合性协和医院剪彩开业。

6月25日，城北新客运站正式运营。

9月5日，方正县举行建县百年庆典活动。

9月25日，举行方正县稻米加工园区项目加工仪式。县委副书记、县长佟宝刚与东方集团董事局主席张宏伟签订了稻米加工园区开发建设合作框架协议。

是年，方正县被评为“国家级生态建设示范县”。

2010年

7月9日，召开全县老区建设促进会工作会议。

8月12日，东方粮油方正有限公司年产30万吨稻米加工建设项目正式开工建设。

是年，在北京钓鱼台国宾馆和西单文化广场成功举办方正大米推介会。

2011年

4月28日，黑龙江大牲畜牧有限公司与方正县就现代化肉鸡养殖基地举行签约仪式。

10月21日，方正县高楞胡铁岭风电场举行风机吊装仪式。

是年，方正大米证明商标注册成功。

2014年

7月1日，方正大米荣获中国驰名商标新闻发布会在哈尔滨国际会展中心隆重召开。新华社、中央电视台、新浪网等27家媒体应邀参加。

12月7日，方正大米在全国优质农产品精品馆参加展销活动。

2016年

7月28日，第二十一届方正莲花节即第六届原生态旅游文化节在方正湖畔隆重开幕。

10月21日，由中国报商联盟、黑龙江日报报业集团主办，方正县委、县政府承办的“2016首届龙江大米节”在哈尔滨市开幕。

2018年

10月1日，哈佳高速铁路全县贯通，方正正式步入动车时代。

是年，农业建成“物联网+农业”高标准示范基地7个，被确定为省级富硒稻米现代园区，富硒水稻面积发展51万亩，荣获“中国富硒稻米之乡”称号。

红色文化资源

方正烈士陵园

方正县烈士陵园始建于1949年4月5日（清明节）。原址在县城东第一中学校园南侧，占地面积629平方米。这里，长眠着在抗日战争、解放战争、抗美援朝和社会主义建设时期为祖国和人民利益而献身的26名烈士。

为缅怀先烈，激励后人，县人民政府于1975年将陵园迁至县城东哈同公路南侧，占地面积10 100平方米。到1985年，共投资14万元改建和装修陵园。陵园四周修建了全长418延长米的铁栅栏，栽植1 400多棵松、柳、白杨等树木。从陵园正门进入，迎面耸立着高大雄伟的黑白花岗岩纪念碑，镌刻着原黑龙江省省长陈雷亲笔题写的“革命烈士纪念碑”7个大字。县政府撰写的碑文镌刻在碑身背面。碑前是排列整齐的烈士墓。东北和西北部分别建筑两座古朴典雅的凉亭。铺设在绿草坪中的300延长米水泥板甬路和永久性围栏，使墓地、瞻仰区赫然醒目。从建园开始，民政部门常年设有专人保护，每逢清明节，全县干部、工人、学生和群众到烈士陵园祭扫和悼念已成为制度。

烈士纪念碑

为缅怀同日伪作战光荣牺牲的抗联将领和苏联红军将士，县政府对原有烈士纪念碑进行维修和改建。

1.吴景才烈士纪念碑

吴景才烈士纪念碑位于方正县会发镇哈同公路北侧，重建于1983年10月5日。水泥碑正面镌刻着烈士的生平。

吴景才，山东义县人，1933年10月加入抗日民族英雄赵尚志队伍。1934年7月，当选珠河反日农会会长。1935年，在土门岭设伏歼敌传为佳话。1935年任珠河县人民政府主席。1936年秋，吴景才被调到东北抗日联军第三军第三师任政治部主任，在珠河、延寿、方正一带开展抗日武装斗争。在率部西征路过铁力，于孙灵阁山之战中，毙敌80多人，使三军威名远扬。1938年6月，吴景才调任三军二师任政治部主任，同年10月里的一天，在方正县蚂蜒河西一带，为部队筹集给养与服装，被日伪“讨伐队”围在老道庙里，吴景才与战士血战突围，不幸负伤。战士们把他抬到山里，全力抢救，终因伤势过重而牺牲在太平山沟里十八里甸子。

2.王俭烈士纪念碑

王俭烈士纪念碑位于方正县伊汉通乡得莫利村东侧。重建于1983年11月21日。

王俭，1914年生于方正县二吉利村。后为二吉利村自卫团总。1936年秋，投奔抗联。同年冬，率部打下伊汉通警察分驻所。1937年冬，率部80余人在尖山子北双桥一带阻击日军激战时壮烈牺牲，年仅24岁。

3.苏军烈士纪念碑

苏军烈士纪念碑位于方正镇中央街北侧，老印刷厂门前附近。始建于1945年8月。1986年10月18日，迁至县城东门外方庄公路北侧。为纪念1945年8月22日苏军进入方正后牺牲的2名苏军。

方正大罗勒密抗联英烈纪念碑

2006年9月，为纪念方正县地区英勇牺牲的抗日英雄，方正县人民政府、黑龙江省烈士纪念事业基金会在大罗勒密西山建此碑。9月5日，举行建成揭幕仪式。县委、县政府领导及省、市相关单位负责人出席揭幕仪式。

纪念碑后刻有碑文和部分烈士名录。

碑文：“日寇侵华十四载，烧杀抢掠无恶不作。山河破碎，社稷垂危。我华夏儿女，为救民于水火，光复大好河山，在方正白山黑水之间，至大罗勒密丛林深处，用大刀、长毛、土炮与贼寇勇猛厮杀，浴血奋战，有千余英雄为国捐躯。其精神感人间，惊天地、泣鬼神；其功德载史册、昭日月，共山川。为不忘先烈继承遗志，奋发向上，特立碑铭志，以示纪念。”

方正县人民政府、黑龙江省烈士纪念事业基金会

二〇〇六年九月

武步墀营殉国纪念地

武步墀营殉国纪念地位于天门乡天门村。1932年4月28日下午4时许，日军三十三旅团派中村支队沿松花江抵方正天门黑河口码头入侵方正。驻守该地部队是吉林自卫军赵维斌部武步墀营。武步墀营面对遮盖江面的18艘敌舰毫无惧色，带领战士分乘2艘木船，以步枪对炮舰进行英勇阻击。激战中敌我双方伤亡惨重，自卫军船只中炮弹，武步墀及战士悉数落入水中，仍顽强坚持战斗，武步墀及全营百余名官兵全部壮烈牺牲。战后，当地群众含泪从松花江中打捞出70余具烈士遗体，葬于江边。

抗联四军根据地旧址

抗联四军根据地旧址位于大罗勒密镇红光村。1935年6月，李延禄率四军军部由勃利县进入方正县东部大罗勒密山区陈家亮子建立军部。领导开展抗日斗争，开辟抗日根据地。在此成立了

“方正地区抗日自卫队”“抗日救国会”“妇女救国会”“儿童团”等抗日组织。期间，这些组织为部队筹措军需、传递情报、救护伤员、打击日寇等做了大量抗日工作。

主要参考书目、资料和档案

书目

［1］东北抗日联军史料丛书.东北抗日联军第三军［M］.哈尔滨：黑龙江人民出版社，1986.

［2］东北抗日联军史料丛书.东北抗日联军第四军［M］.哈尔滨：黑龙江人民出版社，1986.

［3］东北抗日联军史料丛书.东北抗日联军第五军［M］.哈尔滨：黑龙江人民出版社，1986.

［4］东北抗日联军史料丛书.东北抗日联军第八、十一军［M］.哈尔滨：黑龙江人民出版社，1986.

［5］彭施鲁.东北抗日联军史料丛书.我在抗日联军十年［M］.长春：吉林省教育出版社，1992.

［6］东北抗日联军史料丛书.东北抗日义勇军上、下［M］.哈尔滨：黑龙江人民出版社，1987.

［7］东北抗日联军斗争史［M］.北京：人民日报出版社，1991.

［8］北满革命根据地［M］.哈尔滨：哈尔滨出版社，1990.

［9］周淑珍.碧血丹心［M］.哈尔滨：黑龙江人民出版社，1995.

［10］尚志市委党史研究室编.尚志人民革命斗争史

［M］.1994.

［11］梦碎满洲［M］.哈尔滨：黑龙江人民出版社，1991.

［12］李延禄口述，骆宾基整理.过去的年代［M］.1979.

［13］哈尔滨政协与哈尔滨市地志办合编.国歌的基石.抗日义勇军在哈尔滨地区的活动［M］.2001.

［14］中央档案馆，辽宁省档案馆，吉林省档案馆，黑龙江省档案馆合编.东北地区革命历史文件汇编甲、乙册64本.

［15］中国共产党简史［M］.北京：中央党史出版社，2001.

［16］黑龙江省党史研究室编.黑龙江抗日烽火［M］.长春：吉林大学出版社，1995.

［17］吉林省委党史研究室编.周保中和他的抗联战友们［M］.长春：吉林教育出际社，1995.

［18］松花江地委组织部与松花江地委党史研究室合编.松花江大地上的共产党员［M］.1991.

［19］方正县政协编.出生入死话当年［M］.1991.

［20］方正县政协编.解放战争时期方正匪情与则匪斗争［M］.1988.

［21］方正县政协编.方正文史资料（一）［M］.1984.

［22］方正县政协编.方正文史资料（二）［M］.1984.

［23］通河县政协编.通河文史资料第五辑［M］.1989.

［24］方正县公安局志办编.方正县公安志［M］.1997.

［25］方正县大罗勒密镇志［M］.2000.

［26］方正县志［M］.北京：中国展望出版社，1990.

［27］林口县志［M］.哈尔滨：黑龙江人民出版社，1999.

［28］赵俊清.赵尚志传［M］哈尔滨：黑龙江人民出版社，1990.

[29] 刘德全，刘德娜，刘德丽等.鄂伦春人.赵凤兰回忆录[M].哈尔滨：黑龙江朝鲜民族出版社，2003.

[30] 黑龙江文史资料第十八辑[M].哈尔滨：黑龙江人民出版社，1985.

[31] 方正县委组织部，方正县委党史办、方正县档案局合编.中国共产党黑龙江省方正县组织史资料（1932—1987）[M].1988.

[32] 方正县委组织部，方正县委党史办、方正县档案局合编.黑龙江省方正县政军统群系统组织史资料（1945—1987）[M].1988.

资料

[1]《哈尔滨党史》，1993年第2期，1993年6月出版.

[2]《哈尔滨党史》，1994年第4期，1994年11月出版.

[3]《哈尔滨党史》，1995年第3期，1995年9月出版.

[4]《哈尔滨党史》，1996年第1期，1993年12月出版.

[5]《龙江党史》，1993年第5—6期，1993年12月出版.

[6] 杨兴江《怒杀日本官》，1997年6月.

[7] 杨兴江《日寇侵方暴行录》，载《哈尔滨党史》.

[8] 李志军《支援抗联，同伪警察斗争》，1990年5月.

[9] 李志军《伪满时期的日本“视察”》，1989年9月.

[10] 郭真《抗日爱国同情社》，2002年5月15日.

[11] 崔支洙《亿方正县朝鲜联盟始末》，1986年4月.

[12] 方正县党史办《“九三”后方正县政治形势》，1986年5月.

[13]《依兰党史资料》，2001年10月.

[14]《许贵回忆录》，1959年5月.

[15] 武振岐《关于抗联地下工作人员艾福深的证言》，

1989年10月.

［16］朴喜绪《朴喜绪材料》，1988年5月.

［17］杨兴江《金殿英回忆录》，1999年6月.

［18］杨兴江《王生烈士牺牲前后》，1988年4月.

［19］张宝林《抗日烈火在燃烧——记东北抗联三、四军联席会议前后》，1984年3月26日.

［20］方正县党史办《申正浩、申南洁在方正的革命活动历史证明》，1993年3月25日.

［21］翟可本《翟志贵资料》，1983年10月15日.

［22］杨春《杨春回忆抗联与民主大同盟》，1962年.

［23］杨兴江《方正人民革命斗争简史》，1996年6月.

档案

方正县委卷宗:

［1］《关于土改合作化政策资料》永久卷，全宗1号，卷宗号33号.

［2］《抗日时期有关人员谈话记录》长期卷，全宗1号，案卷号2号.

［3］《方正县解放初建政工作》永久卷，全宗1号，案卷号14号.

［4］《方正土改，砍挖运动》永久卷，全宗1号，案卷号6号.

方正县公安局卷宗:

［5］《伪方正县志一般情况、警察区划图、交通电讯图、县城略图、河川道路图》.

［6］《天门、会发、大罗勒密区中队武叛变人员名单》.

［7］《伪方正县地方武装、自卫团组织机构名单》.

［8］《伪方正县公署组织机构人员名单、各村公所组织机

构名单》.

［9］《方正县保安大队组织机构名单》.

［10］《治安维持会组织机构人员名单、维持会代表团在哈市组织还乡团组织机构人员名单》.

［11］《中共延方组织沿革情况（1932—1945）、抗联人员登记表》.

［12］《方正县国民党部组织机构，包括（三民剧图铁血青年团）、工作要点、报告、指示及人员名单》.

［13］《赵维清付卷一、二》，类别：政治，卷号1号.

［14］《张秀卷宗》，类别：1，卷号28号.

［15］《杨春卷宗》，方正县革委会清查办立，1969年.

天门乡卷宗:

［16］《敌伪基础情况》永久卷.

［17］《土改时打死贫农掌柜的张金财积案》永久卷，卷宗号197号.

后 记

《方正县革命老区发展史》即将出版发行。这是一部汇集本县革命老区历史事件、战斗故事、英雄人物和新中国成立以来重要工作以及伟大成就的重要史书。此前，方正县也曾出版过类似书籍，但此次书稿形成过程中各方面高度重视，在史料征集、挖掘、整理，内容取舍及谋篇布局，起草人员的选定，文字规范严谨，等等，各方面的重视程度是前所未有的。中国老促会2017年发出《关于编纂全国1 599个革命老区县发展史的安排意见》，省、市老促会也分别作出部署和具体安排，县委对此书的编纂工作高度重视，在人力、物力、资金等方面给予帮助支持，这是此书得以顺利完成的重要保障。

本书编写过程中，坚持以马克思列宁主义、毛泽东思想、邓小平理论、“三个代表”重要思想、科学发展观为引领，贯彻落实习近平新时代中国特色社会主义思想，运用历史唯物主义和辩证唯物主义的立场、观点、方法，坚持思想性、科学性、资料性相一致，坚持历史的真实性、事件的准确性与内容的可读性相统一，深入挖掘并全面系统地记载了方正县革命老区重要历史事件，反映了东北抗联和老区人民在中国共产党领导下展开的伟大斗争、付出的巨大牺牲、作出的巨大贡献，以及老区人民在社会主义革命和建设时期、改革开放时期，特别是党的十八大以来在政治、经济、社会领域取得的巨大成就。

参与书稿起草的作者，都是对本县革命历史有深入研究、具有史学知识、文笔水平较高的同志，特别是汇聚了一批具有强烈事业心和历史责任感的老同志。从全书的宏观构思、拟定提纲、落笔起草各个环节上都付出了巨大精力。为保证书稿内容完整、充实、真实，起草者花费大量心血查阅资料、实地考察、询访知情人，做了大量扎实工作。为把大量支离破碎的各种素材汇聚起来，形成完整思路，整合成符合客观实际、时间顺序、逻辑严谨的书稿，工作量是巨大的，所有参与起草人员，包括收集资料和共同参与研究人员，都付出大量劳动，也取得丰硕成果。可以说这部《方正县革命老区发展史》，是截至目前收集资料最全、逻辑构思最严谨、历史事件真实性最强、最有史料价值的书籍，当然也是付出巨大劳动的宝贵成果。

这部史书在谋篇布局上，坚持从本地实际出发，遵照中国老促会和省、市老促会统一安排，坚持反映历史的全面性和真实性，同时考虑书稿文字限制，根据内容需要繁简结合，宜繁则繁，宜简则简。全书内容安排上坚持以革命历史内容为主，同时也要充分反映新中国成立以来的重要工作；坚持以改革开放内容为主，同时也不遗漏各个时期的历史内容；坚持以党的十八大以来取得的巨大成果为主，充分反映脱贫攻坚和乡村振兴伟大成就。

为确保本书质量和历史厚重感，根据上级老促会安排，形成样书后进行了县、市、省自下而上“三级审读”。县里成立审读小组，由王宏伟同志为组长（县委副书记），李杰同志为副组长（县政府副县长），施家和（县老区建设促进会副会长）等为成员，对本书进行了县级初审。在县级审读基础上，送哈尔滨市审读，市里成立了由邹新生同志（市老区建设促进会会长）为组长，王维绪同志（市老区建设促进会副会长）为副组长，张同义同志（市老区建设促进会副秘书长）、王洪同志（市史志研究室主任）、张严学同志（市党史研究会常务副会长）为成员的审读小组，对本书进行了再次审读。最后报省审读，省里成立了由黑龙江省老区建设促进会、中共黑龙江省委史志研究室、党史和抗联史专家组成的专家组进行审读把关。经过“三级审读”最后印刷出版。在此对所有参加编写、调研、提供素材、修改把关和审读把关的各位领导、专家和各位同志一并表示谢意。

《方正县革命老区发展史》编纂委员会